Gares SNCF
Railway stations

Paris en 26 plans de A à Z
Paris from A to Z within 26 maps

Index des rues
Street index

Téléphones indispensables
Useful telephone numbers

Quartiers et lieux célèbres *Famous areas and venues*

Plan		
N	L 22	Bastille
N	J 20	Beaubourg
I	G 24	Belleville
U	P 24	Bercy
E-K	L 5	Bois de Boulogne
V	P 31	Bois de Vincennes
Y	Q 20	Butte aux Cailles
I	F 24	Buttes Chaumont (Parc)
F-G	H 13	Champs Élysées
L	L 12	Champs de Mars
X-Y	S 18	Cité Universitaire
U	O 26	Daumesnil
F	G 11	Étoile
T	P 20	Gobelins
N	J 19	Halles
L-M	K 14	Invalides
M-S	M 18	Luxembourg (jardins)
G	H 16	Madeleine
N	K 21	Marais

Plan		
		Marchés aux puces de
B	A 18	- St-Ouen et Clignanco
P	K 29	- Porte de Montreuil
W-X	R 13	- Porte de Vanves
I	H 26	Ménilmontant
C	E 18	Montmartre
S	N 16	Montparnasse
T	N 19	Mouffetard
O-U	M 26	Nation
G	H 17	Opéra
O	J 26	Père Lachaise (cimeti
G-H	E 18	Pigalle
M	I 15	Place de la Concorde
N	K 22	Place des Vosges
T	Q 20	Place d'Italie
G	I 16	Place Vendôme
N	L 19	Quartier Latin
M	L 17	St-Germain des Prés
L	J 10	Trocadéro

Monuments et musées *Monuments and museums*

Plan		
F	G 11	Arc de Triomphe
M	J 15	Assemblée Nationale
U	P 23	Bibliothèque Nationale de France
N	J 20	Centre Pompidou
D	B 25	Cité des Sciences et de l'Industrie
L	L 13	École Militaire
G	I 14	Grand et Petit Palais
N	K 20	Hôtel de Ville
N	M 20	Institut du Monde Arabe
N	K 21	Musée Carnavalet
L	I 12	Musée d'Art Moderne
M	K 14	Musée de l'Armée
L	J 10	Musée de la Marine
H	I 20	Musée des Arts et Métiers
M	J 16	Musée d'Orsay
M	I 16	Musée du Jeu de Paume
M	J 18	Musée du Louvre
H	H 18	Musée Grévin

Plan		
L	I 11	Musée Guimet
T	N 21	Muséum Nat. d'Histoi Naturelle
N	J 21	Musée Picasso
M	K 15	Musée Rodin
N	L 19	Notre Dame
N	L 22	Opéra Bastille
G	H 17	Opéra Garnier
M	I 15	Orangerie des Tuilerie
L	J 10	Palais de Chaillot
G	I 14	Palais de la Découver
G	H 15	Palais de l'Élysée
M	I 18	Palais Royal
T	M 19	Panthéon
C	D 18	Sacré-Cœur
N	K 19	Sainte-Chapelle
M-S	M 18	Sénat
N	M 19	Sorbonne
L	K 11	Tour Eiffel
S	N 15	Tour Montparnasse

Gares SNCF *Railway stations*

Plan		
T	N 22	Gare d'Austerlitz
U	O 24	Gare de Bercy
H	G 21	Gare de l'Est
U	N 23	Gare de Lyon

Plan		
S	O 15	Gares Montparnasse
H	F 20	Gare du Nord
G	G 16	Gare Saint-Lazare

LILLE - CALAIS - BRUXELLES
PARC ASTÉRIX
(36 km)
Tel: 08 36 68 30 10
sortie PARC ASTÉRIX
A 1
CHARLES-DE-GAULLE (23 km)
Tel : 01 48 62 22 80
RER ligne B3
stations :
AÉROPORT CH. DE GAULLE 1
AÉROPORT CH. DE GAULLE 2 TGV
ou BUS RATP ligne ROISSYBUS
(liaison directe départ Place de l' OPÉRA)
A 104
PARIS NORD VILLEPINTE
RER ligne B3
station : PARC DES EXPOSITIONS
A 3
STADE DE FRANCE
(4 km) Tel : 01 55 93 00 00
Métro ligne 13
station : SAINT-DENIS - PORTE DE PARIS
ou RER ligne D1
station : STADE DE FRANCE - ST-DENIS
ou RER ligne B
station : LA PLAINE - STADE DE FRANCE-ST-DENIS - AUBERVILLIERS
LA DÉFENSE
RER ligne A
ou Métro ligne 1
station : GRANDE ARCHE DE LA DÉFENSE
A 1
CAEN
A 14
A 13
PARIS
A 3
METZ - STRASBOURG
A 86
A 4
PARC DES PRINCES
Métro ligne 9
station : Porte de St-Cloud
A6
PARIS EXPO
Métro ligne 12
station : Porte de Versailles
DISNEYLAND-PARIS
Tel: 01 60 30 30 30 (40 km)
A 4 sortie DISNEYLAND PARIS
ou RER ligne A4
station :
CHESSY - MARNE LA VALLÉE
CHÂTEAU DE VERSAILLES
Tel: 01 30 84 74 00 - 01 30 84 76 76
A13 sortie 5 puis D 182 (15 km)
ou RER lignes C5 station :
VERSAILLES RIVE GAUCHE - CHÂTEAU DE VERSAILLES
ORLY (12 km)
Tel: 01 49 75 15 15
RER ligne B4 station : ANTONY
puis ORLYVAL direct ORLY
ou BUS RATP ligne ORLYBUS
(direct départ Place DENFERT-ROCHEREAU)
LYON
MARSEILLE

LÉGENDE DES CARTES *Legend of the maps*

Axe Rouge *Clear way*		Sens unique *One way street*	
Voie Piétonne *Pedestrian street*		27 Numéro d'Immeuble *Building num*	
Limite d'arrondissement *"Arrondissement" limits*		Eglise *Catholic church*	
		Temple *Protestant church*	

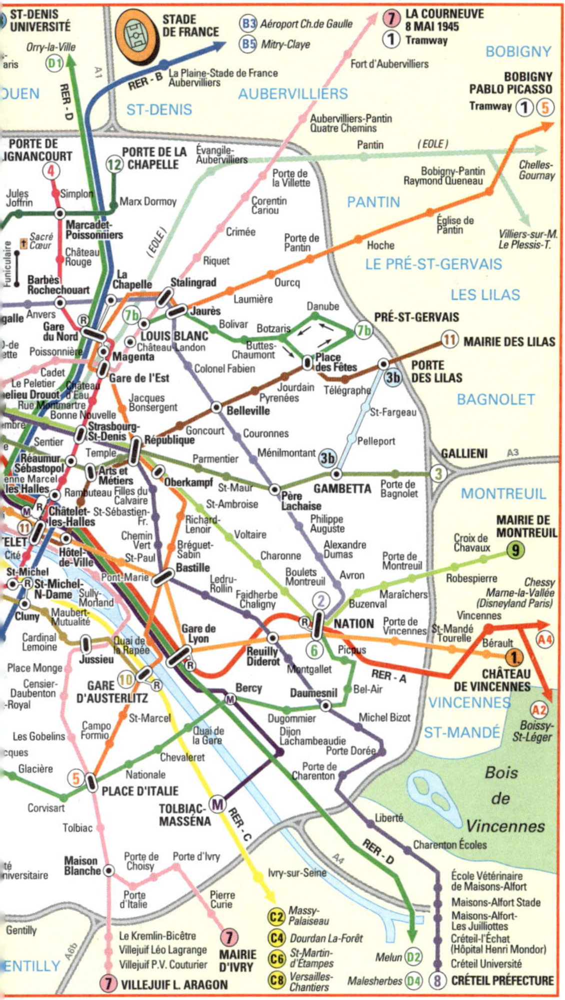

Station de métro *Underground station*

Station de RER *RER station*

Station de tramway *Tramway station*

Parking *Car park*

Station service 24 / 24 *Petrol station 24 / 24*

Station service de Jour *Petrol station open only on day time*

Poste *Post office*

PORTE DE CLICHY

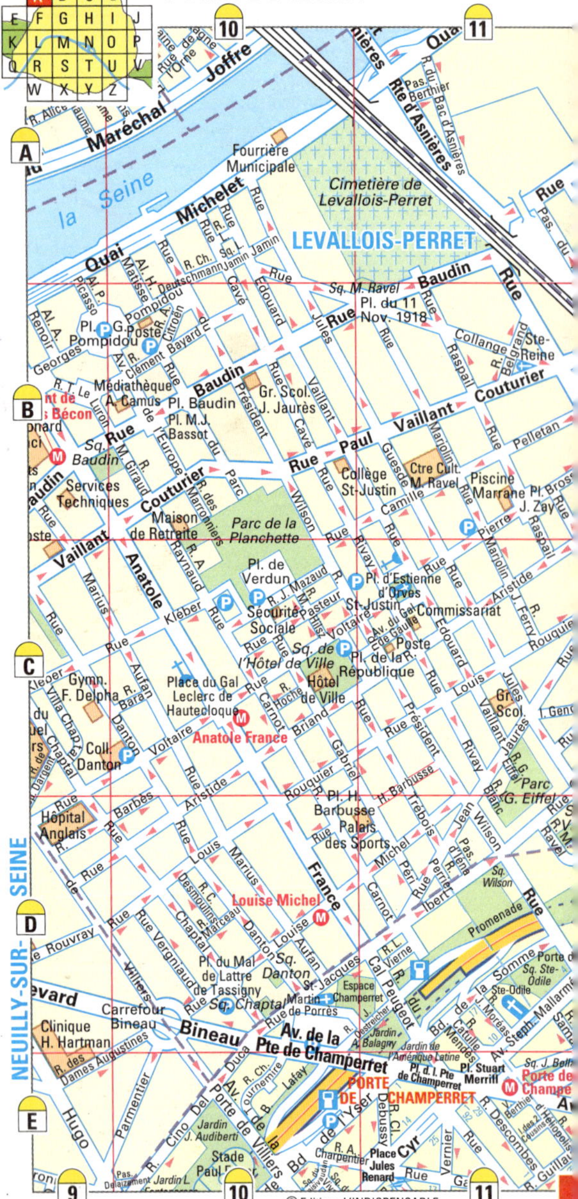

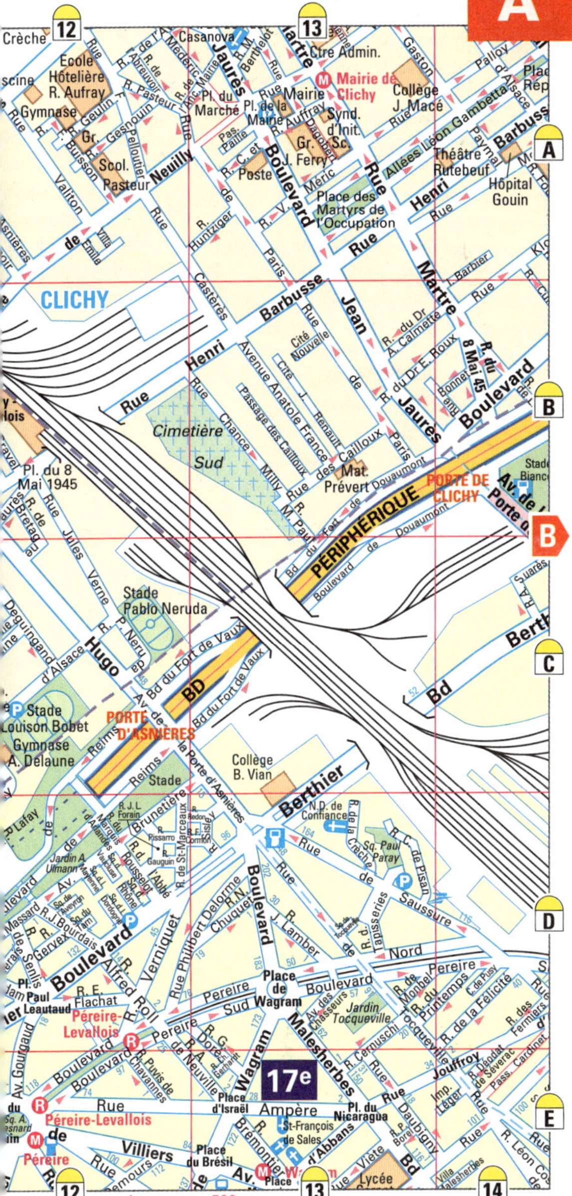

1 carreau = 500 m

CLICHY
17e
Rue Madame de Sanzillon
Hugo D 912
Bd du Mal Leclerc
Boulevard Victor Hugo
Boulevard Berthier
Av. de la Porte de Clichy
Avenue de Clichy
Rue Pierre Rebière
Rue du Bois le Prêtre
Cimetière Parisien des Batignolles
Stade L. Biancotto
Lycée Honoré de Balzac
Ecole Nat. de Commerce
Caserne
Porte Pouchet
Sq. Emile Borel
Pl. Arnault Tzanck
Hôpital Gouin
Gr. Scol. V. Hugo
Mairie Ann.
Poste
Gend.
Mon de Quartier Maternelle Condorcet
Porte de Clichy
Brochant
Lycée Stéphane Mallarmé
St-Joseph des Epinettes
St-Michel des Batignolles
Sq. des Batignolles
Station Pont Cardinet
Pl. Ch. Fillion
Pl. du Dr F. Lobligeois
Ste-Marie d. Batignolles
Ascension
Mairie
Pl. R. Bare
Rue Cardinet
Rue Brochant
Rue Lemercier
Rue Legendre
Rue de la Jonquière
Rue des Moines
Rue Guy Môquet
Rue Pouchet
Rue Boulay
Rue Ernest Roche
Rue Berzélius
Rue Sauffroy
Rue Gauthey
Rue Dulong
Rue Truffaut
Rue Nollet
Rue Boursault
Rue Bridaine
Rue des Apennins
Rue Lacroix
Rue Salneuve
Rue Fragonard
R. St-Just
Pas. Touzet-Gaillard
Rue Floréal
Rue Arago
Sq. Boulay-Level
A
B
C
D
E
G
14
15

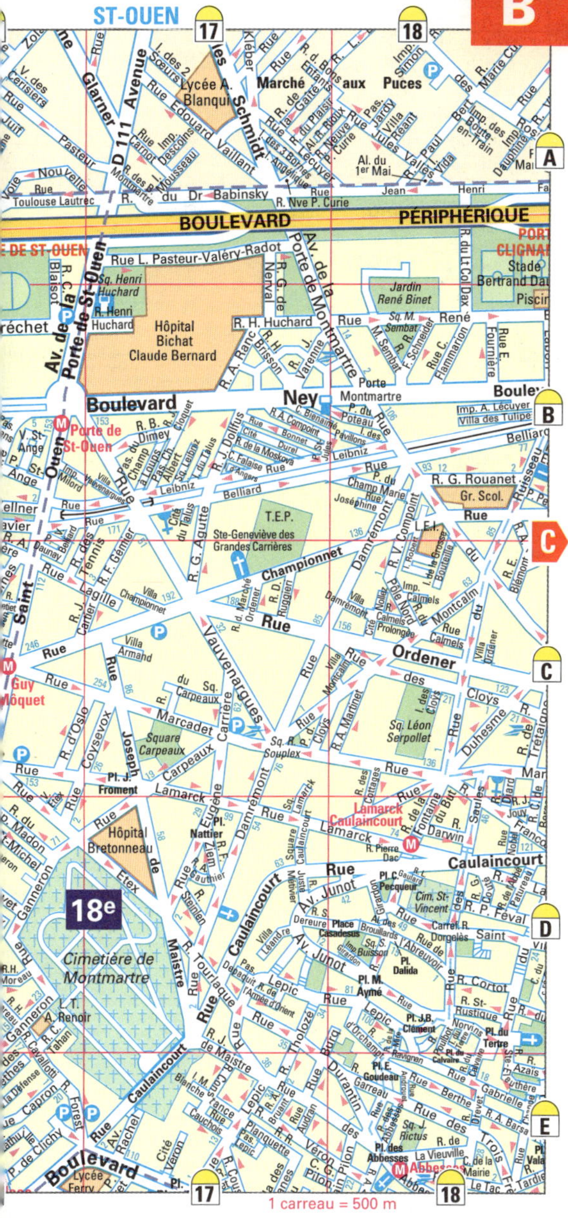
ST-OUEN
17
18
A
B
C
D
E
Marché aux Puces
Lycée A. Blanqui
Avenue Glarner
D 111
Rue Edouard Vaillant
Schmidt
Rue Pasteur
Rue Toulouse Lautrec
R. du Dr Babinsky
R. Nve P. Curie
Rue Jean Henri
BOULEVARD PÉRIPHÉRIQUE
PORTE DE ST-OUEN
Rue L. Pasteur-Valéry-Radot
Av. de la Porte de Montmartre
Av. de la Porte de St-Ouen
Sq. Henri Huchard
R. Henri Huchard
Hôpital Bichat Claude Bernard
R. H. Huchard
Jardin René Binet
Sq. M. Sembat
Rue René Binet
R. du Lt Col Dax
Stade Bertrand Dauvin
Piscine
Porte Montmartre
Boulevard Ney
Porte de St-Ouen
Rue Leibniz
Rue Belliard
R. G. Rouanet
Gr. Scol.
T.E.P.
Ste-Geneviève des Grandes Carrières
Rue Championnet
Rue Damrémont
Rue Ordener
Rue Montcalm
Rue du Ruisseau
Guy Môquet
Villa Armand
Rue Marcadet
Square Carpeaux
Rue Vauvenargues
Sq. R. Souplex
Sq. Léon Serpollet
Rue des Cloys
Rue Duhesme
Pl. J. Froment
Rue Lamarck
Lamarck Caulaincourt
Hôpital Bretonneau
Pl. Nattier
Rue Caulaincourt
Av. Junot
Pl. C. Pecqueur
Cim. St-Vincent
Place Casadesus
Pl. Dalida
Pl. M. Aymé
Rue Lepic
Pl. J.B. Clément
Pl. du Tertre
Rue Norvins
Pl. E. Goudeau
Sq. J. Rictus
Pl. des Abbesses
Abbesses
18e
Cimetière de Montmartre
Rue Tourlaque
Rue de Maistre
Rue Tholozé
Rue Durantin
Rue Ganneron
Boulevard
Lycée Ferry
1 carreau = 500 m

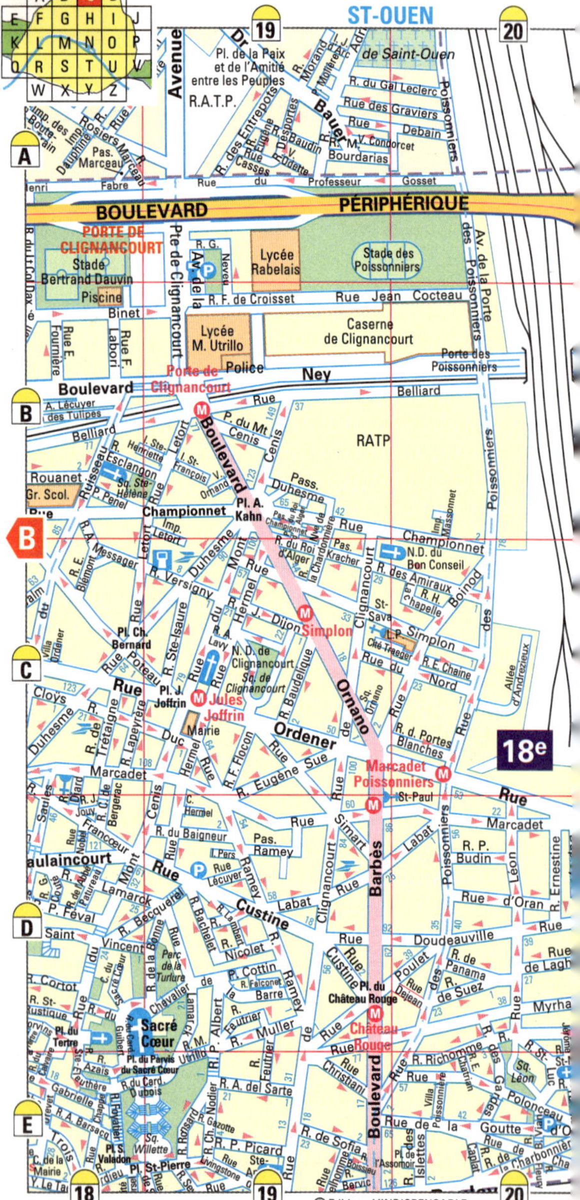

ST-OUEN
19
20
A
B
C
D
E
18
18e
de Saint-Ouen
Pl. de la Paix et de l'Amitié entre les Peuples
R.A.T.P.
Avenue
R. Morand
R. du Gal Leclerc
Rue des Graviers
Rue Debain
V. Condorcet
Bourdarias
R. des Entrepots
R. Eugène
R. Desportes
R. Baudin
Rue Casses
V. Odette
Bauer
Poissonniers
Pas. Marceau
Rosiers
Rue Marceau
Dauphine
Rue du Professeur Gosset
Fabre
BOULEVARD PÉRIPHÉRIQUE
PORTE DE CLIGNANCOURT
Stade Bertrand Dauvin
Piscine
Binet
Pte de Clignancourt
Av. de la
R. G. Neveu
Lycée Rabelais
Stade des Poissonniers
R. F. de Croisset
Rue Jean Cocteau
Av. de la Porte des Poissonniers
Lycée M. Utrillo
Police
Caserne de Clignancourt
Porte des Poissonniers
Rue E. Fournière
Rue F. Labori
Porte de Clignancourt
Boulevard Ney
Belliard
A. Lécuyer
des Tulipes
Rue
P. du Mt Cenis
Cenis
Boulevard
RATP
R. Henriette
I. Ste-Henriette
I. St-François
Esclangon
Sq. Ste-Hélène
Rouanet
Gr. Scol.
Ruisseau
P. Penel
Letort
V. Ornano
Pass. Duhesme
Pl. A. Kahn
Championnet
Imp. Letort
Rue Championnet
Imp. Massonnet
R. du Roi d'Alger
Pas. Kracher
N.D. du Bon Conseil
R. A. Messager
R. E. Blémont
R. Versigny
Duhesme
Mont Cenis
Rue
R. des Amiraux
R. H. Lachapelle
Boinod
St-Sava
L.P.
Simplon
R. J. Dijon
Simplon
Clignancourt
R. Hermel
R. A. Lavy
N. D. de Clignancourt
Sq. de Clignancourt
Cité Traeger
R. E. Chaine
Rue du Nord
Allée d'Andrezieux
Pl. Ch. Bernard
Rue Poteau
R. Ste-Isaure
Villa Ordener
Rue
Cloys
Pl. J. Joffrin
Jules Joffrin
Mairie
R. Baudelique
Ornano
Sq. Ornano
Ordener
R. d. Portes Blanches
Duhesme
R. de Trétaigne
R. Lapeyrère
Duc
Hermel
R. F. Flocon
R. Eugène Sue
Marcadet
Marcadet Poissonniers
St-Paul
Rue Marcadet
R. J. Jouy
R. C. de Bergerac
Francoeur
Saules
C. Hermel
R. du Baigneur
Pas. Ramey
Simart
Barbès
Labat
R. P. Budin
Léon
R. Ernestine
Caulaincourt
Rue Lamarck
Mont
I. Pers
Rue Lécuyer
Ramey
Custine
Labat
Rue d'Oran
P. Féval
Saint Vincent
R. Becquerel
R. Bachelet
R. Lambert
R. Nicolet
Rue Doudeauville
Parc de la Turlure
R. de la Bonne
R. Cortot
P. Cotton
R. Falconet
Barre
Rue Custine
Pl. du Château Rouge
Château Rouge
Poulet
Rue Dejean
R. de Panama
R. de Suez
Myrha
Rue de Laghouat
R. St-Rustique
Chevalier
Lamarck
Pl. du Tertre
Sacré Cœur
Pl. du Parvis du Sacré Cœur
R. du Card. Dubois
R. M. Utrillo
P. Albert
R. Feutrier
R. Muller
Rue Christiani
R. Richomme
R. Chartran
R. des Gardes
Sq. Léon
R. St. Luc
R. Azais
Ste-Eleuthère
Gabrielle
R. A. Barsacq
R. Foyatier
R. A. del Sarte
Nodier
Gazotte
R. Ch. Nodier
R. P. Picard
R. de Sofia
Boulevard
Rue de la Goutte d'Or
Polonceau
Villa Poissonnière
Rue des Islettes
Pl. de l'Assommoir
Rue de Charbonnière
R. Caplat
Sq. Willette
Pl. S. Valadon
Pl. St-Pierre
R. Ronsard
Livingstone
Trois
Mairie
Y. Le Tac
Bervic

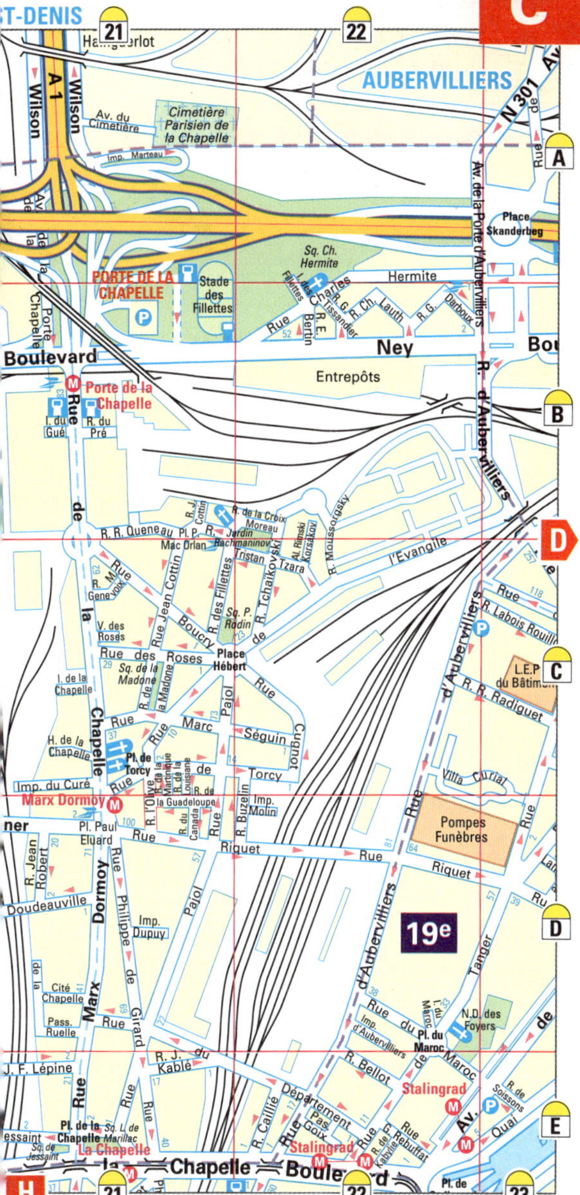

1 carreau = 500 m

LA VILLETTE

A B C D E F G H I J K L M N O P Q R S T U V W X Y Z
23
24
A
B
C
D
E
I
Mauvin
AUBERVILLIERS
PORTE D'AUBERVILLIERS
Place Skanderbeg
Av. de la Porte d'Aubervilliers
Gambetta
Quai du Lot
Quai de l'Allier
Saint
Rue
Place 19 Mai
Pas. Haubertois
Faure
Sente à Bigot
BO
Secteur en Travaux
Boulevard Macdonald
Entrepôts
R. d'Aubervilliers
Rue Gaston Tessier
Rue Curial
Cité Ed. Michelet
R. Alphonse Karr
Cambrai
R. B. Constant
Stier de la Station
Av. Corentin Cariou
Corentin Cariou
Maison de la Villette
Quai de la Seine
Rue de Crimée
Passage Wattieaux
Rue de l'Ourcq
R. Labois Rouillon
R. de l'Escaut
Pas. de Crimée
Cité Pottier
L.E.P. du Bâtiment
R. Radiguet
Pas. Desgrais
Rue Archereau
Al. des Eiders
Rue de Flandre
Pl. de l'Argonne
R. Dampierre
Sq. Dampierre Rouvet
R. Rouvet
R. Barbanègre
Rue de l'Argonne
Gironde
Rue de Nantes
Avenue de Flandre
Crimée
Rue Mathis
Imp. de Joinville
R. Gresset
R. Emélie
Rue de Joinville
R. Jomard
Pl. de Joinville
Pl. de Bitche
R. de l'Oise
R. de l'Aisne
Canal de l'Ourcq
Quai de l'Oise
Quai de la Marne
R. de la Marne
R. de la Meurthe
Al. des Orgues de Flandre
R. du Dr Lamaze
Rue Riquet
R. Duvergier
Imp. des Anglais
Riquet
R. de Rouen
Pas. de Flandre
R. A. de Humbolt
R. Evette
R. de Colmar
I. de Verdun
Pas. de Thionville
Rue Léon Giraud
Rue de l'Ourcq
Rue de Tanger
Rue de Flandre
Bassin de la Villette
Rue de la Loire
Rue Tandou
R. de Soissons
Quai de la Loire
Al. du Brindeau
R. de la Moselle
R. P. Reverdy
R. E. Dehaynin
V. Rémi Belleau
Laumière
R. P. Girard
Avenue Jean Jaurès
Rue de Meaux
R. de Lorraine
R. André Danjon
P. du Nord
P. du Sud
P. Dubois
Pas. Binder
Rue Petit
R. de la Moselle
Av. de Laumière
Rue

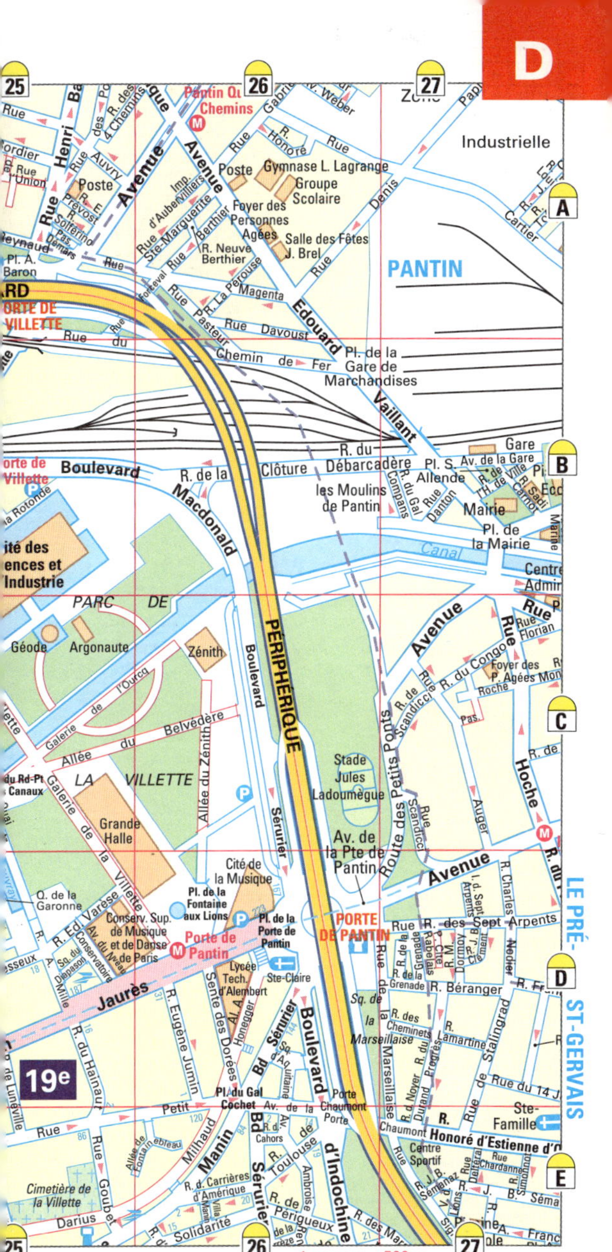

1 carreau = 500 m

PORTE MAILLOT - BOIS DE BOULOGI

1 carreau = 500 m

ÉTOILE - CHAMPS-ÉLYSÉES

1 carreau = 500 m

SAINT-LAZARE - HAUSSMANN

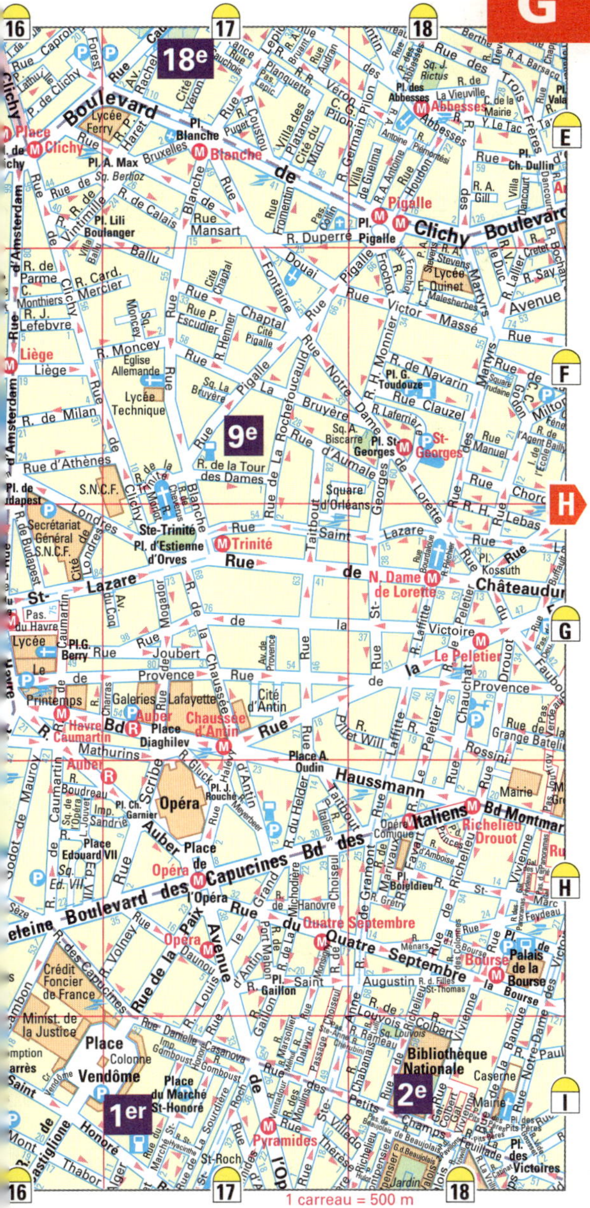
16
17
18
18e
9e
1er
2e
E
F
G
H
I
Boulevard de Clichy
Place de Clichy
Lycée Ferry
Pl. Blanche
Blanche
Pl. A. Max
Rue de Bruxelles
Sq. Berlioz
R. de Calais
Rue de Vintimille
Pl. Lili Boulanger
Rue Ballu
Rue Mansart
R. Duperré
Pl. Pigalle
Pigalle
Abbesses
Pl. des Abbesses
Rue des Abbesses
Sq. J. Rictus
Rue des Trois Frères
Pl. Ch. Dullin
Rue Houdon
Rue Germain Pilon
Villa des Platanes
Cité du Midi
Rue Fromentin
R. Coustou
Rue Puget
Rue Lepic
Rue Véron
Cité Véron
Av. Rachel
Rue Caulaincourt
Rue Forest
Rue Caprou
Rue de Douai
Rue Fontaine
Rue Chaptal
Cité Chaptal
Cité Pigalle
Rue Victor Massé
Avenue Frochot
Lycée E. Quinet
Rue des Martyrs
Avenue Trudaine
Rue P. Escudier
R. Henner
Rue Moncey
Sq. Moncey
Eglise Allemande
Lycée Technique
Sq. La Bruyère
Rue La Bruyère
Rue Pigalle
Rue de La Rochefoucauld
Rue Notre Dame de Lorette
R. de Navarin
Pl. G. Toudouze
Rue Clauzel
R. Laferrière
Sq. A. Biscarre
Pl. St Georges
St-Georges
Rue d'Aumale
Rue St-Georges
Square d'Orléans
R. de la Tour des Dames
Rue Blanche
R. de la Trinité
Rue d'Amsterdam
R. de Parme
R. Card. Mercier
C. Monthiers
R. J. Lefebvre
Liège
Rue de Liège
R. de Milan
Rue d'Athènes
Rue de Clichy
S.N.C.F.
Pl. de Budapest
R. de Budapest
Secrétariat Général S.N.C.F.
Cité de Londres
Rue de Londres
Ste-Trinité
Pl. d'Estienne d'Orves
Trinité
Rue Saint Lazare
Rue de Châteaudun
N. Dame de Lorette
Pl. Kossuth
Rue Taitbout
Rue de Mogador
Rue de la Chaussée d'Antin
Av. du Coq
Rue Joubert
Rue de Provence
Av. de Provence
Rue de la Victoire
Le Peletier
Rue Laffitte
Rue Drouot
Rue Lafayette
Galeries Lafayette
Pl. G. Berry
Lycée
Le Printemps
Havre Caumartin
Bd Haussmann
Auber
Place Diaghilev
Chaussée d'Antin
Rue Mathurins
Rue de Caumartin
Cité d'Antin
R. Pillet Will
Place A. Oudin
Rue Rossini
Mairie
Rue de la Grange Batelière
Faubourg Montmartre
Opéra
Rue Scribe
R. Gluck
R. Halévy
Pl. J. Rouché
R. Meyerbeer
Pl. Ch. Garnier
Rue Auber
Place de l'Opéra
Place Edouard VII
Sq. Ed. VII
R. Boudreau
Sq. de l'Opéra L. Jouvet
Imp. Sandrié
Rue Godot de Mauroy
Boulevard des Capucines
Bd des Italiens
Bd Montmartre
Richelieu Drouot
Opéra Comique
Rue Favart
Pl. Boïeldieu
R. Grétry
R. de Marivaux
R. d'Amboise
Rue de Richelieu
Rue Vivienne
Rue de Gramont
Rue de Choiseul
R. du Helder
Rue de la Michodière
R. de Hanovre
Quatre Septembre
Rue du Quatre Septembre
Rue de la Paix
Avenue de l'Opéra
Rue Daunou
Rue Louis le Grand
Rue de Port Mahon
Pl. Gaillon
Rue Gaillon
Rue Saint Augustin
R. des Filles St-Thomas
Ménars
Bourse
Palais de la Bourse
Pl. de la Bourse
Rue de la Bourse
Rue Feydeau
Rue Volney
R. des Capucines
Crédit Foncier de France
Minist. de la Justice
Place Vendôme
Colonne
Boulevard de la Madeleine
Rue Danielle Casanova
Imp. Gomboust
R. Gomboust
Place du Marché St-Honoré
Rue du Marché St-Honoré
R. St-Hyacinthe
Rue de la Sourdière
Rue St-Roch
Rue St-Honoré
Rue de Castiglione
Rue du Mont Thabor
Pyramides
Rue des Pyramides
R. Méhul
R. Marsollier
R. Dalayrac
Passage Choiseul
Passage Ste-Anne
R. Chérubini
R. Rameau
Sq. Louvois
R. de Louvois
Rue Colbert
Bibliothèque Nationale
Caserne
Mairie
R. Chabanais
Rue des Petits Champs
Rue Ste-Anne
Rue Thérèse
R. des Moulins
Rue Villedo
Rue de Montpensier
Rue de Valois
R. de Beaujolais
G.d Beaujolais
Jardin
Rue de la Banque
Rue Notre-Dame des Victoires
Pl. des Petits Pères
Pl. des Victoires
Rue Vivienne
Gal. Colbert
Gal. Vivienne
R. de la Feuillade
1 carreau = 500 m

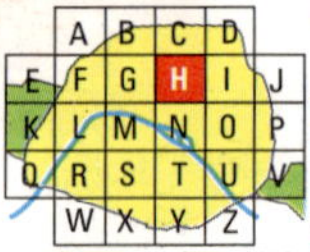

GARE DU NORD - GARE DE L'EST

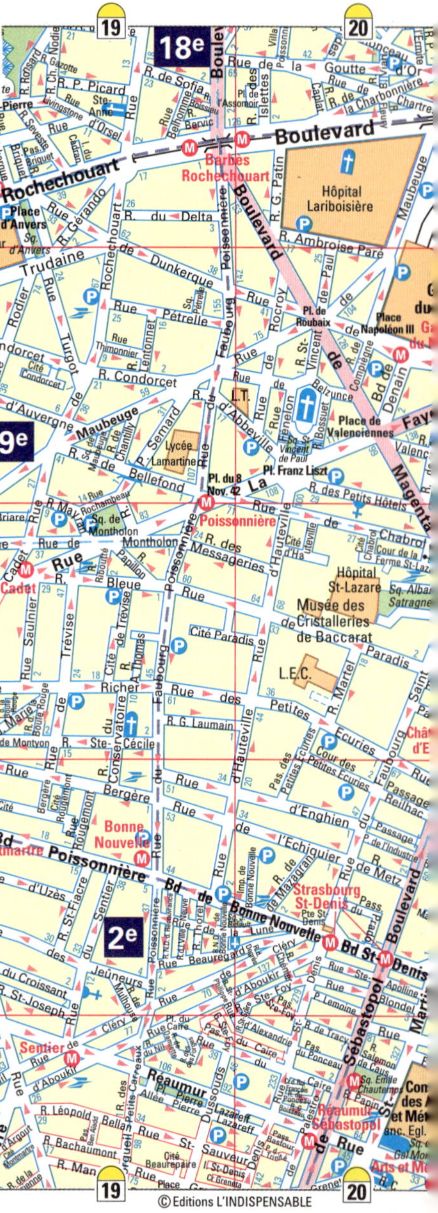

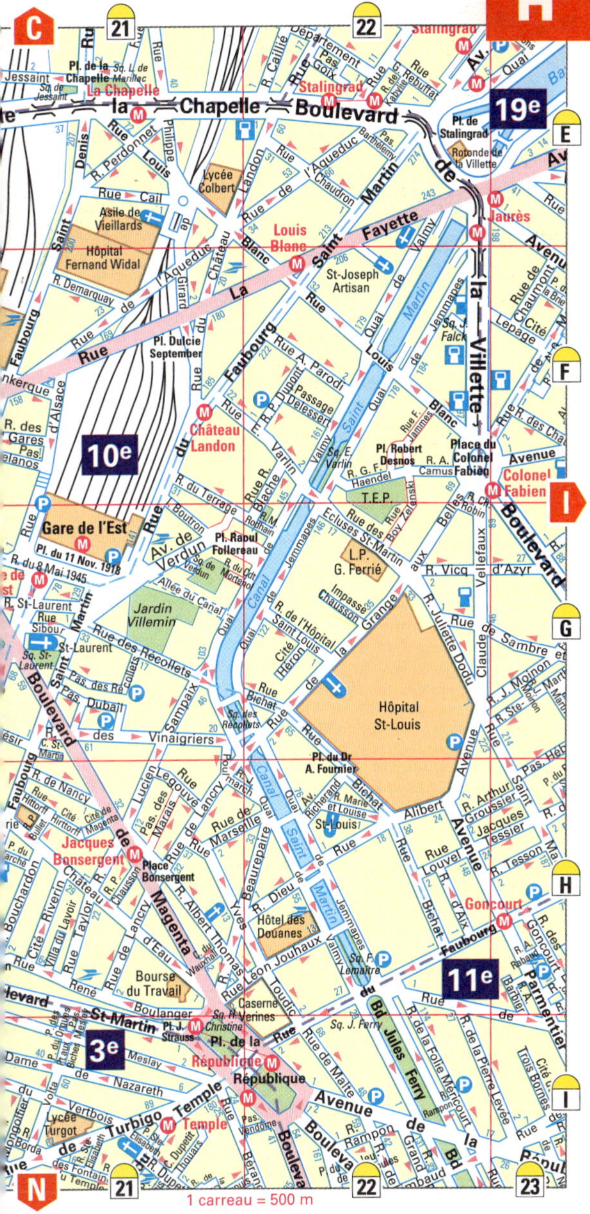

1 carreau = 500 m

BUTTES CHAUMONT

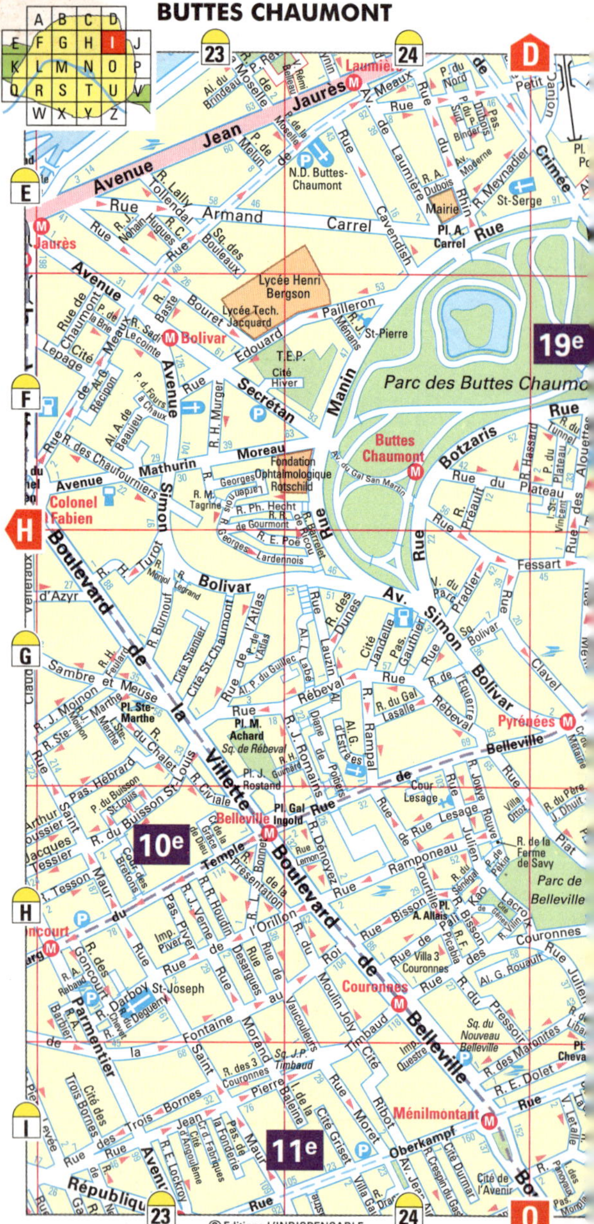

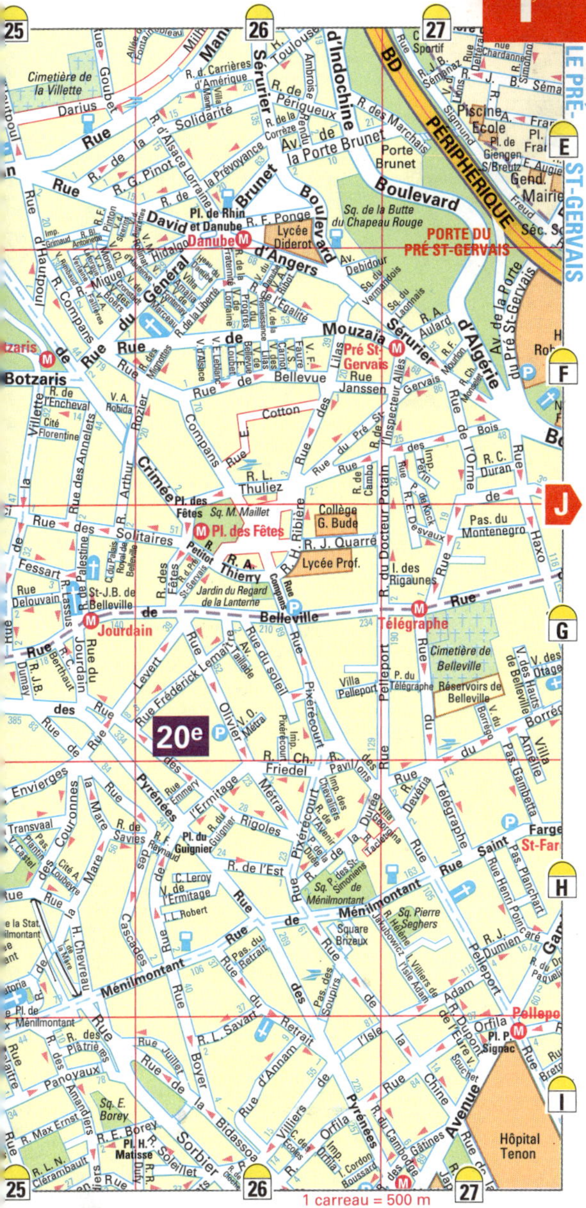

1 carreau = 500 m

PORTE DES LILAS

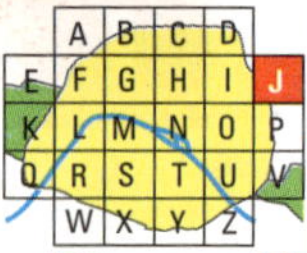

1 carreau = 500 m

AUTEUIL - PASSY

1 carreau = 500 m

TOUR EIFFEL - TROCADÉRO

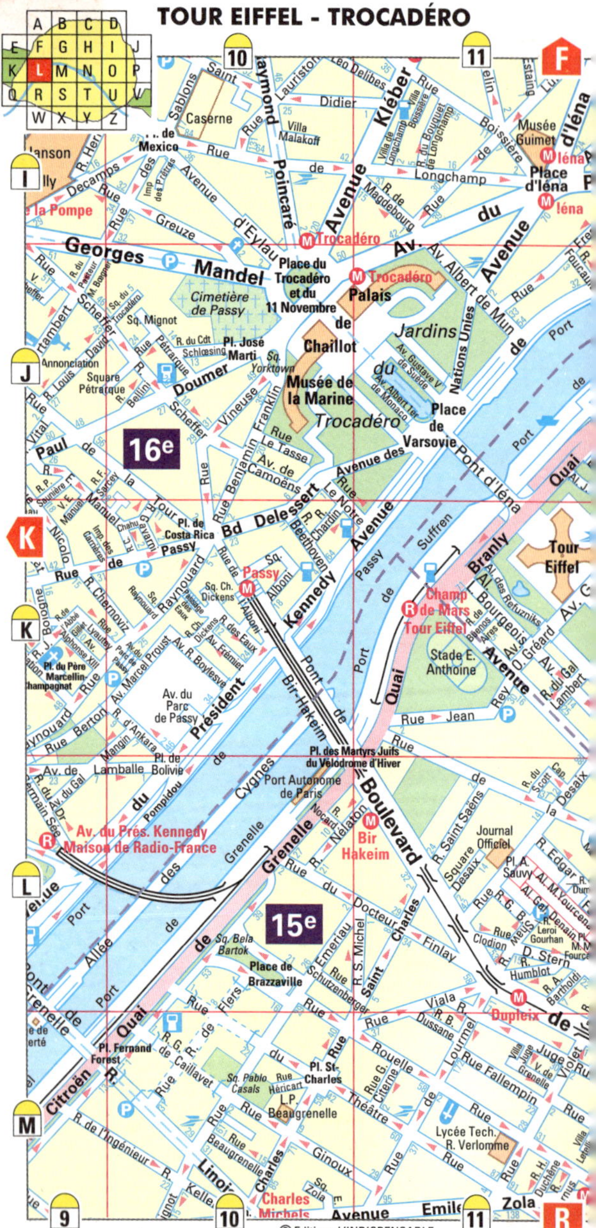

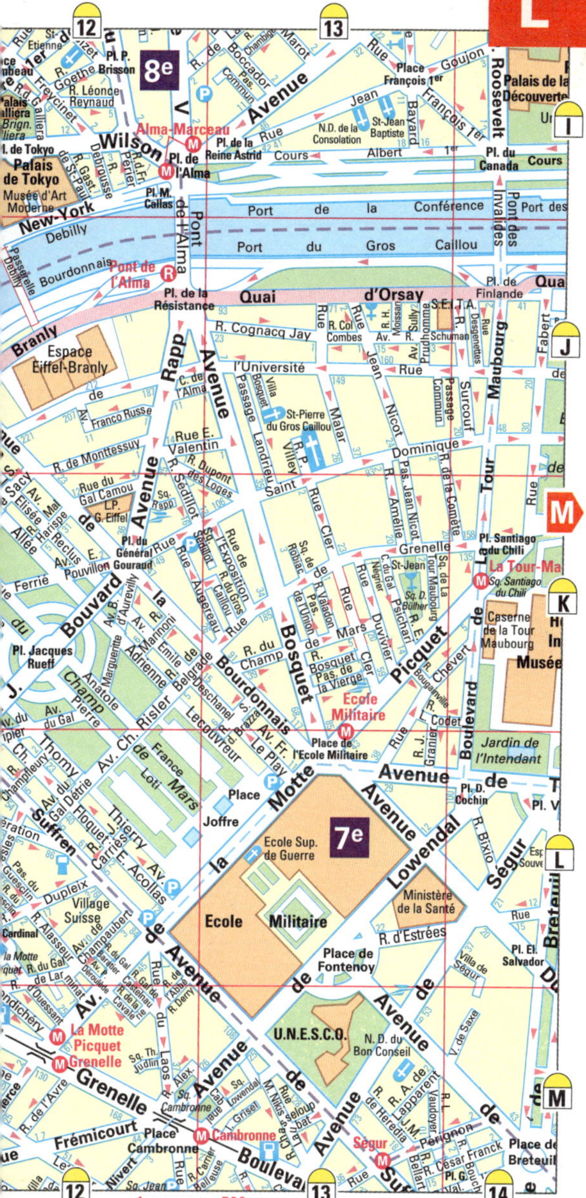

1 carreau = 500 m

LOUVRE - ST-GERMAIN-DES-PRÉS

1 carreau = 500 m

SAINT-MICHEL - NOTRE-DAME

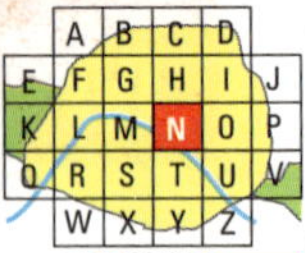

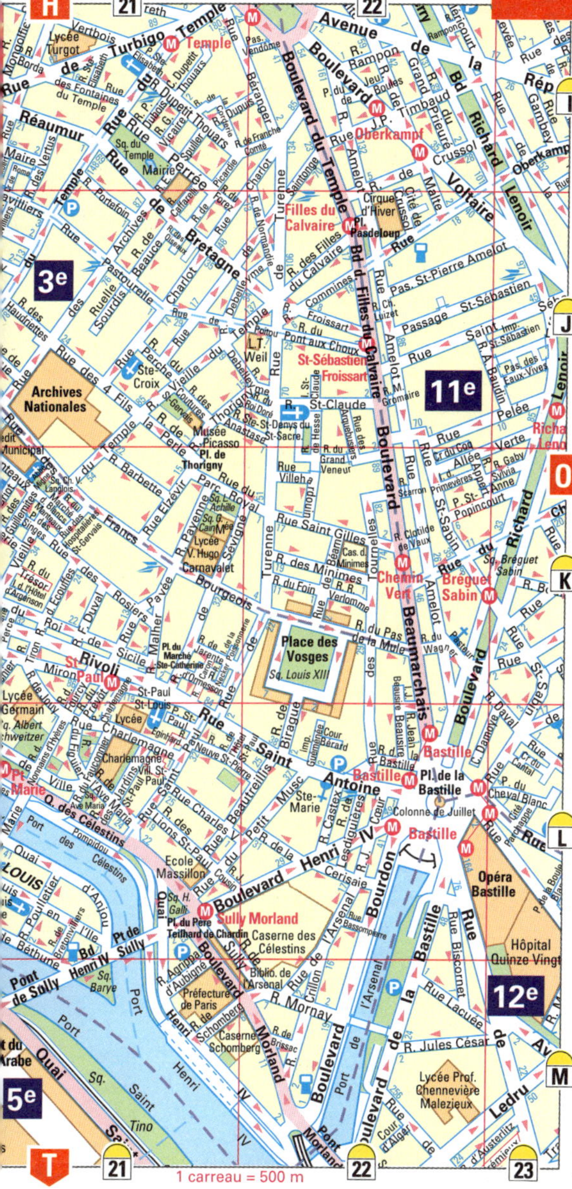

1 carreau = 500 m

PÈRE LACHAISE - NATION

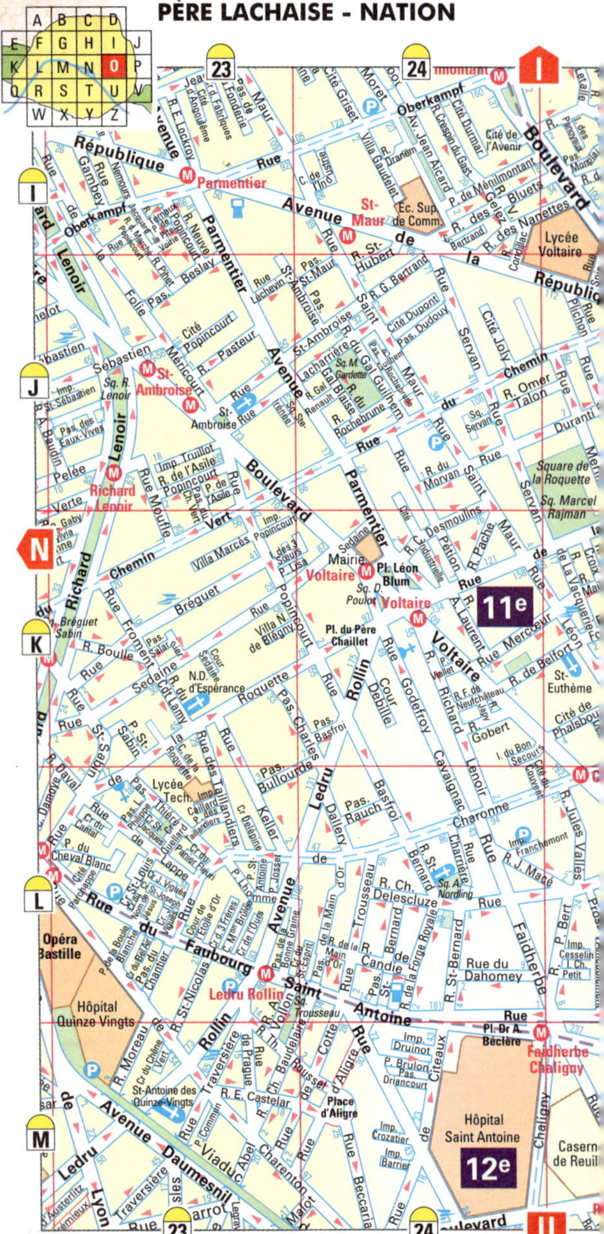

1 carreau = 500 m

PORTE DE BAGNOLET

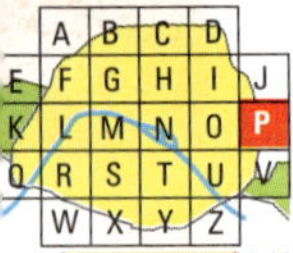

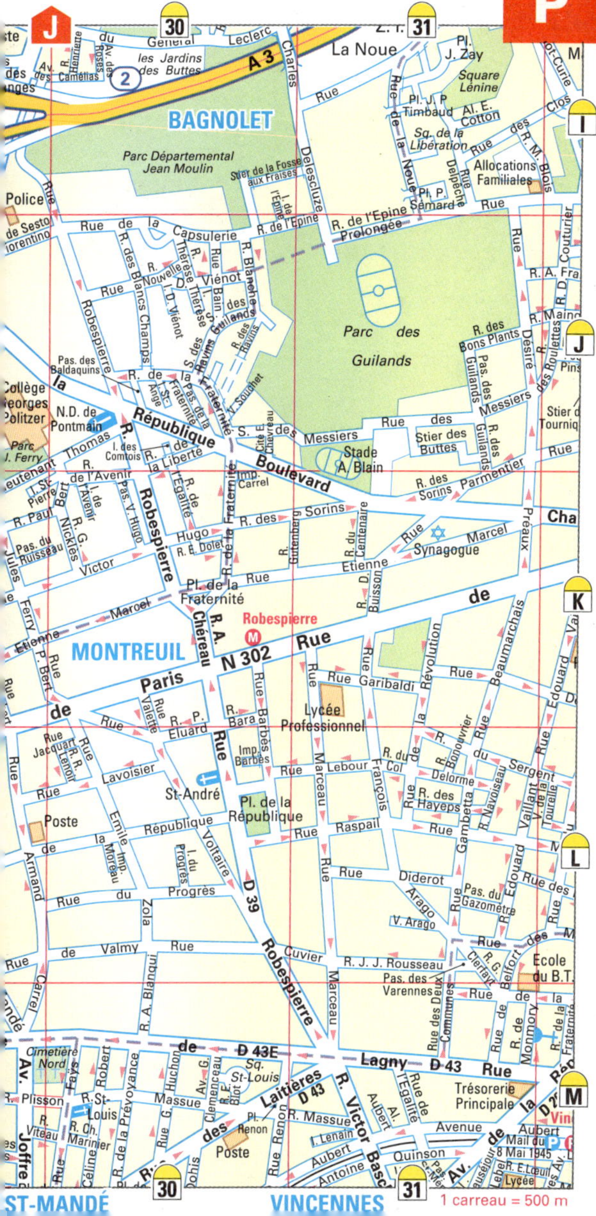

J
30
31
I
J
K
L
M
BAGNOLET
MONTREUIL
La Noue
A 3
Parc Départemental Jean Moulin
les Jardins des Buttes
Pl. J. Zay
Square Lénine
Pl. J. P. Timbaud
Al. E. Cotton
Sq. de la Libération
Allocations Familiales
Pl. P. Sémard
Police
Rue de la Capsulerie
R. de l'Epine Prolongée
Parc des Guilands
Collège Georges Politzer
N.D. de Pontmain
Parc J. Ferry
Stade A. Blain
Stier des Buttes
Bd. de la République
Boulevard
R. des Sorins
Rue Marcel Synagogue
Rue Étienne
Pl. de la Fraternité
Robespierre
N 302
Rue de Paris
Lycée Professionnel
Rue Garibaldi
St-André
Pl. de la République
Poste
Rue Raspail
Rue Diderot
V. Arago
Ecole du B.T.
Rue de Valmy
D 39
Robespierre
Cuvier
R. J. J. Rousseau
Pas. des Varennes
Cimetière Nord
D 43E
Sq. St-Louis
Lagny
D 43
Trésorerie Principale
Rue des Laitières
R. Massue
Pl. Renon
Poste
Avenue Aubert
Mail du 8 Mai 1945
Lycée
ST-MANDÉ
VINCENNES
1 carreau = 500 m

PORTE DE SAINT-CLOUD

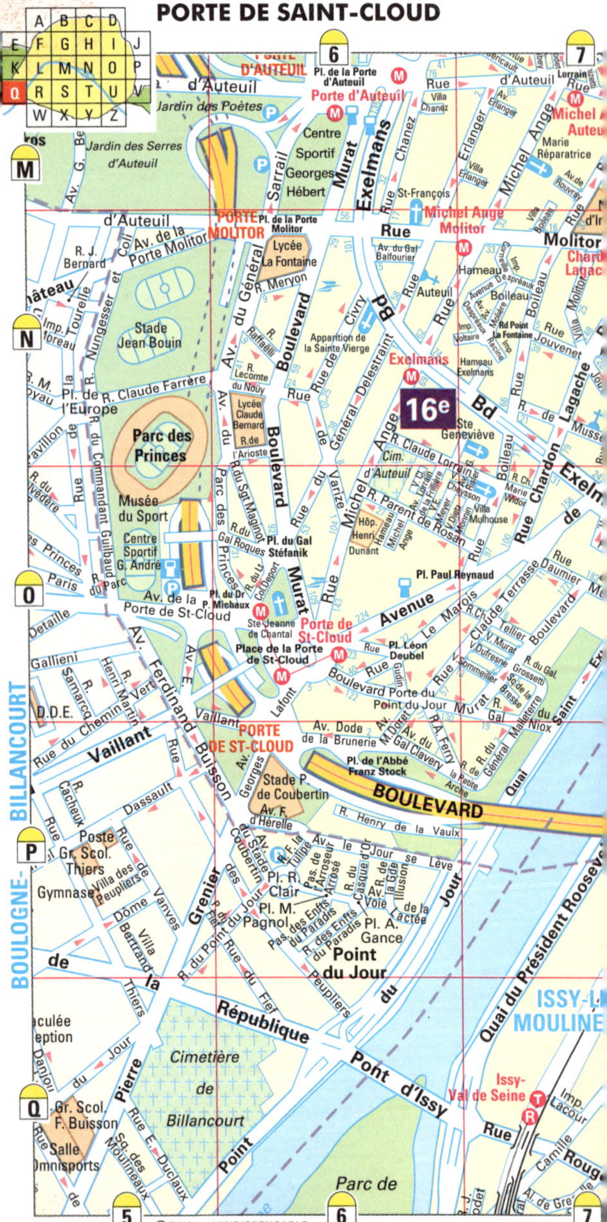

1 carreau = 500 m

CONVENTION - VAUGIRARD

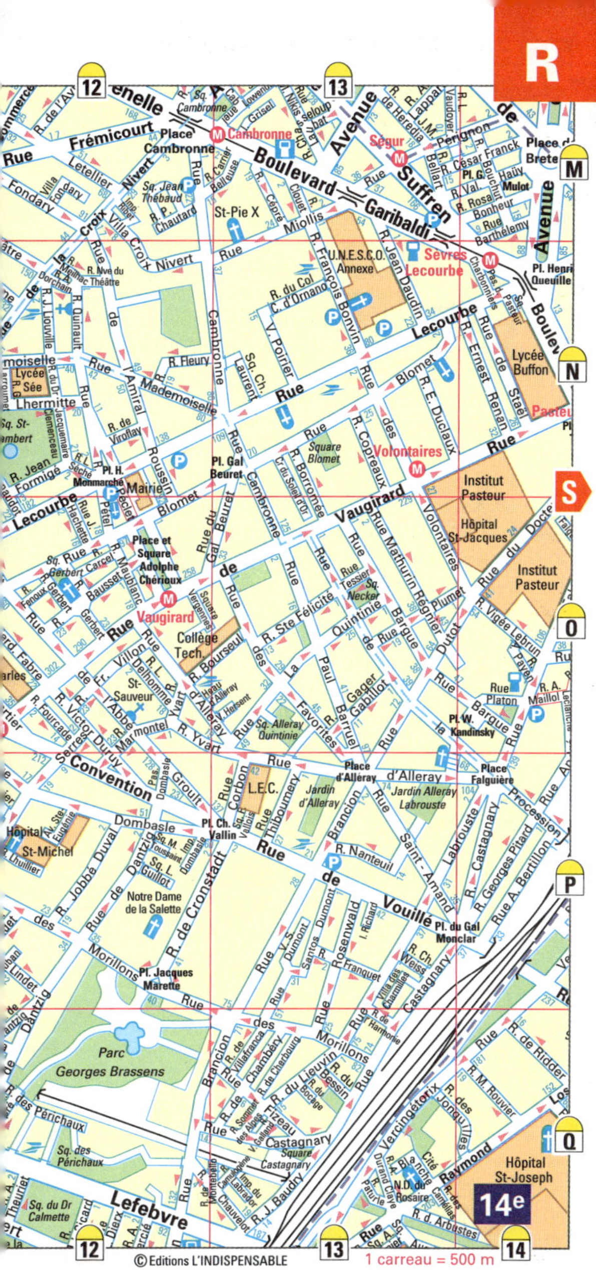

1 carreau = 500 m

14
15
M
N
O
P
Q
R
X
15e
Necker Hôpital des Enfants Malades
Instit. Nat. d. Jeunes Aveugles
Duroc
Pl. L.P. Fargue
Boulevard
Rue de Sèvres
Av. C. Coquelin
Av. D. Lesueur
Rue Mayet
R. St-Jean Bapt. de la Salle
R. St-Romain
Sq. St-Romain
Galerie le Sévrien
Rue du Cherche Midi
R. J. Ferrandi
Maintenon
Allée
Lycée Tech.
Rue Littré
R. Régis
R. J.F. Gerbillon
Rue Desgoffe
Pl. C. Claudel
Falguière
Rue de Vaugirard
Imp. de l'Astrolabe
Villa Garnier
I. du Mont Tonnerre
R. d'Alençon
Ec. Nat. du Génie Rural
Avenue du Maine
Pl. du 18 Juin 1940
Montparnasse Bienvenue
Galeries Lafayette
Place Bienvenue
Tour Montparnasse
Rue de l'Arrivée
Rue du Départ
Pas. des Épinettes
R. d'Odessa
Pas. Montparnasse
Boulevard
Pl. Henri Queuille
Boulevard Pasteur
Sq. Pasteur
Pas. Pasteur
Avenue de Saxe
Rue Mulot
R. Haüy
Lycée Buffon
Lycée Tech. Fresnel
Pasteur
Pl. J. et T. Tréfouel
Rue Renan
Staël
L.E.I.
R. Dulac
R. Falguière
R. A. Moisant
R. Antoine Bourdelle
Galerie Vaugirard
R. Dalou
R. N. Charlet
R. E. Guillout
Rue Séguard
R. Brown
R. Mizon
Imp. Mathieu
Rue Roux
St-J.B. de la Salle
Rue du Docteur
Bd de Vaugirard
Sq. Max Hymans
Gare Montparnasse 1
Jardin Atlantique
Pl. R. Dautry
Sq. G. Baty
R. du Maine
Rue Poinsot
Rue Jolivet
I. de la Gaîté
Rue de la Gaîté
Institut Pasteur
R. d'Arsonval
Rue de l'Armorique
Pas. Alexandre
Al. du Cap. Dronne
A. de la 2e D.B.
Al. Chef d'Escadron de Guillebon
Terrasse Modigliani
R. Cdt R. Mouchotte
Montparnasse 2 Pasteur
Parvis D. Templier
Rue Vandamme
Rue de la Rochelle
Gaîté
Sq. P. A. Dalpayrat
Rue du Cotentin
Montparnasse 3 Vaugirard
Pl. des 5 Martyrs du Lycée Buffon
Rue Vercingétorix
R. J. Zay
Rue du Maine
Rue Lebrun
R. Payen
R. M. Maignon
R. A. Maillol
R. G. Leclanche
Rue Gide
Rue Platon
Rue Alain
Place de Catalogne
Rue Hôpital L. Bellan
Pl. C. Brancusi
R. Percival
R. de Lebouis
Imp. Lebouis
R. A. Mie
Pas. Fermat
Imp. Cels
Rue Cels
R. Fermat
Pl. de l'Amphithéâtre
Sq. Card. Wyszynski
Pl. de Séoul
Pl. de l'Abbé J. Lebeuf
N.D. du Travail
Rue de l'Ouest
R. J. Guesde
Rue du Texel
Rue Losserand
Rue Maison Dieu
Avenue du Maine
Rue Procession
Rue André
Place Falguière
Rue A. Bertillon
Rue Pitard
Vaugirard
Sq. de l'Abbé Lemire
R. Guilleminot
R. Spinelli
R. S. Bodin
R. d. l'Abbé
R. Niepce
R. Desprez
R. Ventadour
R. B. de
R. F. du Cange
Holweck
Rue Pernety
Pernety
R. F. d. Pressensé
Rue Raymond
Pl. de la Garenne
R. Ste Léonie
R. du Moulin des Lapins
P. d. Arts
R. E. Jacques
R. Asseline
Pas. de la Tour de Vanves
Sq. de l'Aide Sociale
Pl. de Moro Giafferi
R. du Château
R. Maurice Ripoche
Rue Didot
Pas. Tenaille
Pas. de Gergovie
Jardin du Moulin de la Vierge
R. du Min de la Vierge
Rue des Thermopyles
Rue de Plaisance
R. Boyer Barret
R. de l'Eure
Rue Mairidron
Rue Severo
R. G. Saché
Pl. G. Perroy
Rue de la Sablière
Rue Bénard
Rue des Plantes
Villa Modèle
Sq. Alésia Ridder
R. de Ridder
Plaisance
Rue d'Alésia
Av. Villemain
Imp. Florimont
Pl. du Lt S. Piobetta
Rue de Gergovie
C. Bauer
Sq. du Viollet
R. Léonidas
Olivier Noyer
R. Hippolyte
Rue du Moulin Vert
R. Rouvier
Sq. Losserand Suisses
R. Pauly
Rue des Suisses
Villa Léone
R. Bardinet
Rue de l'Abbé
R. H. Heine
R. Delbet
R. Lecuirot
R. Baillou
R. du Moulin Vert
I. du Min Vert
Hôpital St-Joseph
Rue Pierre Larousse
Rue Jonquoy
V. Mallebay
R. Joanès
Rue Jacquier
R. L. Morard
Villa d'Alésia

1 carreau = 500 m

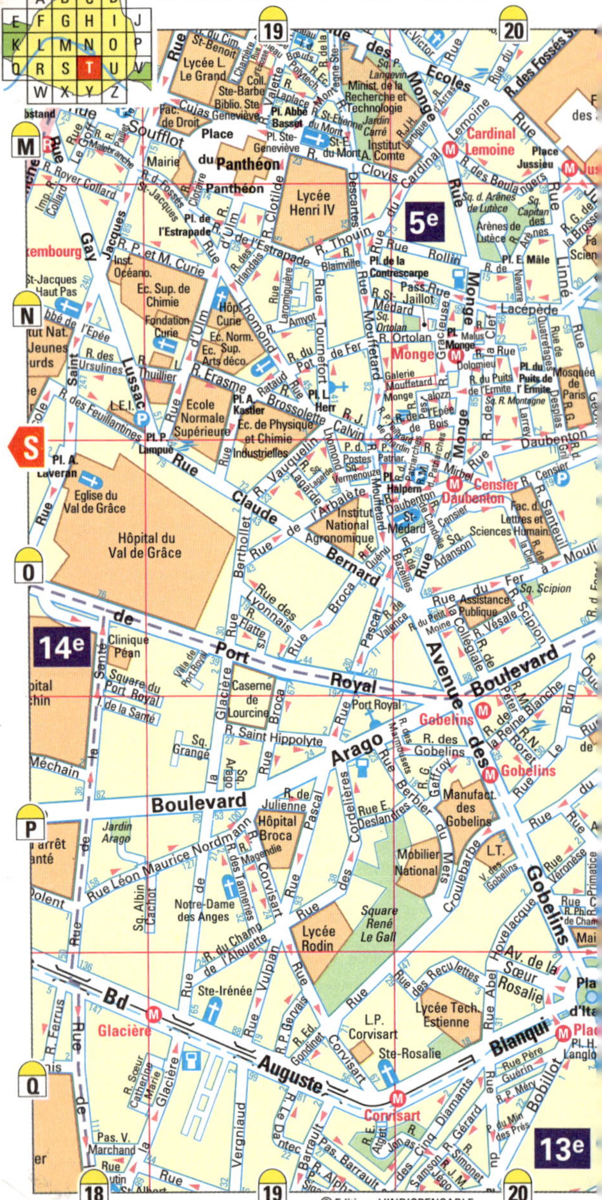
19
20
M
N
S
O
P
Q
18
5e
14e
13e
Lycée L. Le Grand
Coll. Ste-Barbe
Biblio. Ste Geneviève
Pl. Abbé Basset
Minist. de la Recherche et Technologie
Jardin Carré
Institut A. Comte
Rue des Ecoles
Cardinal Lemoine
Place Jussieu
Fac. de Droit
Rue Soufflot
Place du Panthéon
Mairie
Panthéon
Lycée Henri IV
Rue Clovis
Rue du Cardinal Lemoine
Sq. d. Arènes de Lutèce
Arènes de Lutèce
Rue Royer Collard
Pl. de l'Estrapade
Rue de l'Estrapade
R. Thouin
Rue Rollin
Pl. de la Contrescarpe
Pl. E. Mâle
Rue Linné
Rue Gay Lussac
Rue Saint Jacques
R. P. et M. Curie
Inst. Océano.
Ec. Sup. de Chimie
Fondation Curie
Hôp. Curie
Ec. Norm. Sup.
Ec. Arts déco.
Rue Lhomond
Rue Mouffetard
Rue Monge
Monge
Rue Lacépède
R. Ortolan
Rue Tournefort
R. des Ursulines
R. Erasme
Ecole Normale Supérieure
Pl. A. Kastler
Ec. de Physique et Chimie Industrielles
Rue Calvin
Mosquée de Paris
R. des Feuillantines
L.E.I.
Pl. P. Lampué
Pl. A. Laveran
Rue Claude Bernard
Eglise du Val de Grâce
Hôpital du Val de Grâce
Rue Vauquelin
Rue de l'Arbalète
Institut National Agronomique
St-Médard
Censier Daubenton
Rue Censier
Rue Daubenton
Fac. d. Lettres et Sciences Humain.
Sq. Scipion
Rue du Fer à Moulin
Assistance Publique
Rue des Lyonnais
Rue Broca
Rue Berthollet
Boulevard de Port Royal
Clinique Péan
Caserne de Lourcine
Port Royal
Avenue des Gobelins
Gobelins
R. Saint Hippolyte
Rue Arago
Sq. Grangé
Boulevard Arago
Manufact. des Gobelins
Mobilier National
Jardin Arago
Hôpital Broca
Rue Léon Maurice Nordmann
Notre-Dame des Anges
Rue Corvisart
Square René Le Gall
Lycée Rodin
Rue Croulebarbe
Rue des Reculettes
Lycée Tech. Estienne
Av. de la Sœur Rosalie
Rue Abel Hovelacque
Bd Auguste Blanqui
Glacière
Ste-Irénée
Rue Vulpian
L.P. Corvisart
Ste-Rosalie
Corvisart
Rue de la Glacière
Rue de la Santé
Rue Vergniaud
Rue Bobillot
Place d'Italie

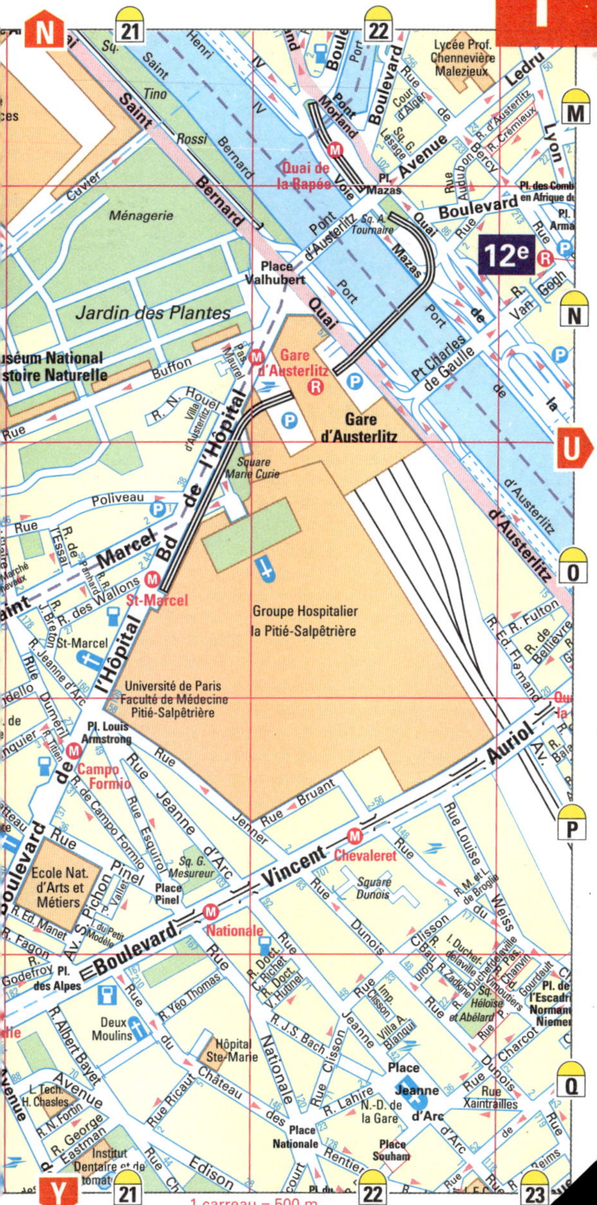

1 carreau = 500 m

BERCY

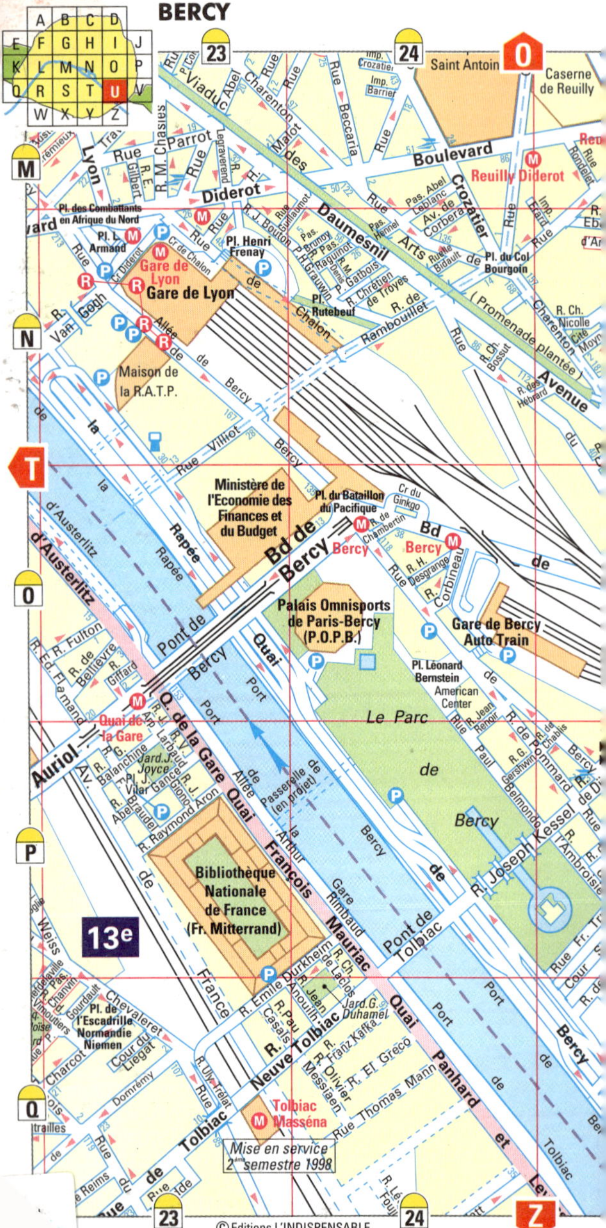

A B C D E F G H I J K L M N O P Q R S T U V W X Y Z
23
24
23
24
M
N
T
O
P
Q
O
Z
Imp. Crozatier
Imp. Barrier
Saint Antoine
Caserne de Reuilly
Viaduc
Rue Abel
Rue de Charenton
Rue Beccaria
Rue
Rue Parrot
Rue Traversière
R. M. Chasles
Legraverend
Rue Gilbert
R. E. Gilbert
Rue de Lyon
Rue Crémieux
Rue Diderot
Boulevard Diderot
R. H. Malot
Rue des
Daumesnil
Avenue Daumesnil
Boulevard
Reuilly Diderot
Rue Crozatier
Pas. Abel Leblanc
Av. de Corbera
Pas. Hennel
Arts
Ruelle Bidault
Pl. du Col Bourgoin
Rue de
Rue
Imp. Euzard
Rue Rondelet
Pl. des Combattants en Afrique du Nord
Pl. L. Armand
Cr Diderot
Cr de Chalon
Gare de Lyon
Pl. Henri Frenay
R. J. Bouton
Rue Guillaumot
Pas. Brunoy
P. H. Grauwin
Pas. Raguinot
R. M. Denis
P. Gatbois
R. Chrétien de Troyes
Pl. Rutebeuf
Rue de Chalon
R. de Rambouillet
Rue
R. Ch. Bossut
(Promenade plantée)
Charenton
R. Ch. Nicolle
Cité Moynet
R. des Hébrard
Avenue du
R. Van Gogh
Allée
Rue de Bercy
Maison de la R.A.T.P.
Quai de la Rapée
Rue Villiot
Ministère de l'Economie des Finances et du Budget
Pl. du Bataillon du Pacifique
Cr du Ginkgo
R. de Chambertin
Bd de Bercy
Bercy
Rue Corbineau
R. H. Desgrange
R.
Port de la Rapée
Quai d'Austerlitz
Port d'Austerlitz
Pont de Bercy
Palais Omnisports de Paris-Bercy (P.O.P.B.)
Quai de Bercy
Port de Bercy
Gare de Bercy Auto Train
Pl. Léonard Bernstein
American Center
Rue Jean Renoir
Rue Paul Belmondo
R. G. Gershwin
R. de Pommard
R. de Chablis
Rue de Dijon
Le Parc de Bercy
R. Joseph Kessel
R. de l'Ambroisie
R. Fulton
R. Ed. Flamand
R. de Bellièvre
R. Giffard
Quai de la Gare
Q. de la Gare
R. J. Larbaud
R. Am. Vanes
Bd Vincent Auriol
R. G. Balanchine
Jard. J. Joyce
Pl. J. Vilar
R. V. Gance
R. J. Giono
R. Abel Gance
Brauder
R. Raymond Aron
Passerelle (en projet)
Allée Arthur Rimbaud
Quai François Mauriac
Port de la Gare
Bibliothèque Nationale de France (Fr. Mitterrand)
13e
Rue de France
Pont de Tolbiac
Port de Bercy
Rue Fr. Truffaut
Cour
R. Emile Durkheim
R. Ch. de Laclos
R. Jean Anouilh
Jard. G. Duhamel
R. Pau Casals
R. Neuve Tolbiac
R. Franz Kafka
R. Olivier Messiaen
R. El Greco
Rue Thomas Mann
Quai Panhard et Levassor
Port de Tolbiac
Pl. de l'Escadrille Normandie Niemen
Rue du Chevaleret
Cour du Liégat
Rue Charcot
Rue Domrémy
Rue Gourdault
R. Chanvin
Pas. Vimoutiers
Rue Weiss
R. Uly Trélat
Rue de Tolbiac
Tolbiac Masséna
Mise en service 2ème semestre 1998
Rue de Reims
R. Léo Fouil
Rue du
Rue de

U
25
26
27
M
N
V
O
P
Q
12e
Place de la Nation
Nation
Av. du Trône
Cours
Pl. de l'Ile de la Réunion
Orphelinat E. Napoléon
Diderot
Lycée Arago
Av. Dorian
Rue Claude
Pas. du
Diderot
Cr St-Eloi
R. Pierre Bourdan
Rue Dorian
R. M. Benoist
R. Dewet
Ch.
Rue de Jaucourt
Rue Fabre d'Eglantine
Av. du Bel Air
I. des Arts
R. d. Pensionnat
Colonnes du Trône
Rue des Colonnes du Trône
St-Mandé
Villa de
Bd de Picpus
Rue du
Square St-Charles
L. Tech. Boulle
Reuilly
R. du Col
Cr d'Alsace Lorraine
Rue Mousset
Imp. Mousset
P. Commun
Rue du Sergent Bauchat
Avenue de Picpus
Picpus
Square Courteline
Rozanoff
Pl. M. de Fontenay
St-Eloi
Square Stinville
Montgallet
Les Dames Diaconesses
Cimetière de Picpus
Hôpital Rothschild
P. Montgallet
R. Ebelmen
Rue Jacques Hillairet
Rue Riesener
Rue Albinoni
Rue Hénard
Jardin de Reuilly
Allée Vivaldi
Rue de Reuilly
R. de la Gare de Reuilly
Rue Santerre
Rue Dagorno
Boulevard de Picpus
R. Leroy Dupré
Sibuel
Bel
Rue
Mairie
R. Descos
R. Bignon
Lemonnier
R. E. Lemonnier
R. Dubrunfaut
R. Pleyel
R. P. Dukas
Rue Brahms
Daumesnil
R. Dugommier
Rue Lamblardie
R. du Dr Goujon
R. de Taïti
Sentier de Montempoivre
R. Louis
Pas. Chaussin
Pl. Félix Eboué
Daumesnil
Reuilly
Avenue Daumesnil
R. Sidi Brahim
R. Gossec
Picpus
Michel Bizot
Villa Daumesnil
Boulevard de Bercy
Sq. J. Morin
Dugommier
R. de la Planchette
R. Charolais
Rue de Charenton
R. de la Durance
Taine
Rue Raoul
St-Esprit
R. Cannebière
R. Tourneux
I. Tourneux
R. Ed. Robert
Rue aux Loups
Brèche
Square Georges Contenot
Rue Proudhon
R. des Fonds Verts
R. de la Lancette
Rue Nicolaï
Rue de Gravelle
R. Claude Decaen
R. de Capri
Fécamp
Général
Dijon
Lachambeaudie
(Stat. Météor Ouv. 1998)
Baron Le Roy
Rue du
Coriolis
R. de Wattignies
Rue des Meuniers
R. de Madagascar
I. de la Vallée de Fécamp
I. Wattignies
R. Jules Pichard
Rue des Jardiniers
Allée des Vergers
Rue de Charenton
Cim. de Bercy
R. Th. Hamont
Avenue du Général
Sq. du Sancerrois
Sq. de la Vendée
Sq. Central
Sq. du Massif
Decaen
Port Reuilly
Pl. du Lavigerie
Stade Léo Lagrange
Porte de Charenton
Boulevard Poniatowski
Route des Fortifications
Behagle
R. F. de
Porte de Charenton
Av. de la
Cimetière Valmy
Lamé
R. de Thorins
R. des Maconnais
R. Lheureux
Pas. Dubuffet
Cours de Bercy
Pl. des Vins de France
Terroirs de France
Terrasse de Bercy
Expo
Cour du Levant
Champagne
Boulevard
PORTE DE BERCY
R. du Gal de Langle de Cary
R. Robert Etlin
R. de la Tévrs
R. F. Anglais
N 6
1 carreau = 500 m
CHARENTON-LE-PONT

PORTE DORÉE - BOIS DE VINCENNES

1 carreau = 500 m

PORTE DE VERSAILLES

1 carreau = 500 m

PORTE D'ORLÉANS

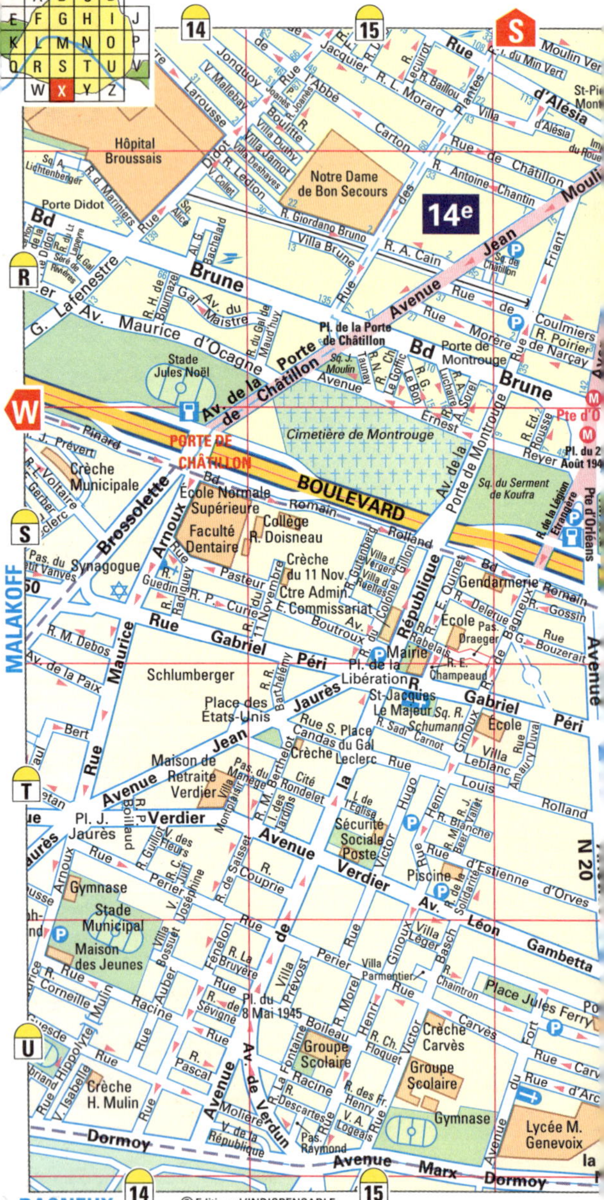

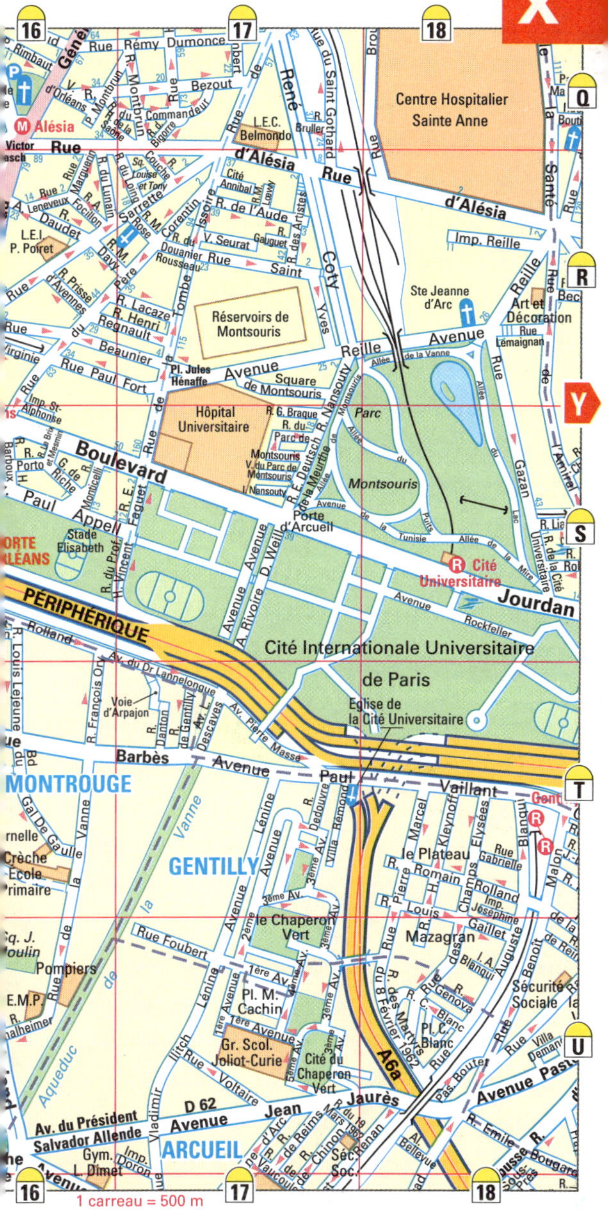
X
16
17
18
Q
R
Y
S
T
U
Alésia
Rue Rémy Dumoncel
Rue Bezout
Rue Commandeur
L.E.C. Belmondo
Rue d'Alésia
Centre Hospitalier Sainte Anne
Rue de la Santé
Imp. Reille
Avenue Reille
Ste Jeanne d'Arc
Art et Décoration
Rue Lemaignan
L.E.I. P. Poiret
Rue Saint Yves
Rue d'Alésia
Rue Coty
Rue René
Réservoirs de Montsouris
Rue Beaunier
Rue Paul Fort
Pl. Jules Hénaffe
Square de Montsouris
Hôpital Universitaire
Parc Montsouris
Rue Gazan
Boulevard Jourdan
Stade Elisabeth
PORTE D'ORLÉANS
PÉRIPHÉRIQUE
Porte d'Arcueil
Cité Universitaire
Avenue Rockfeller
Cité Internationale Universitaire de Paris
Eglise de la Cité Universitaire
Av. du Dr Lannelongue
Voie d'Arpajon
Av. Pierre Masse
Avenue Paul Vaillant
Barbès
MONTROUGE
GENTILLY
Gentilly
Crèche Ecole Primaire
le Plateau
Mazagran
le Chaperon Vert
Rue Foubert
Pompiers
E.M.P.
Pl. M. Cachin
Gr. Scol. Joliot-Curie
Cité du Chaperon Vert
Pl. C. Blanc
Sécurité Sociale
Aqueduc de la Vanne
A6a
Avenue Jean Jaurès
D 62
Av. du Président Salvador Allende
ARCUEIL
Gym. L. Dimet
Séc. Soc.
Avenue Pasteur
1 carreau = 500 m

PORTE D'ITALIE

1 carreau = 500 m

PORTE DE BERCY

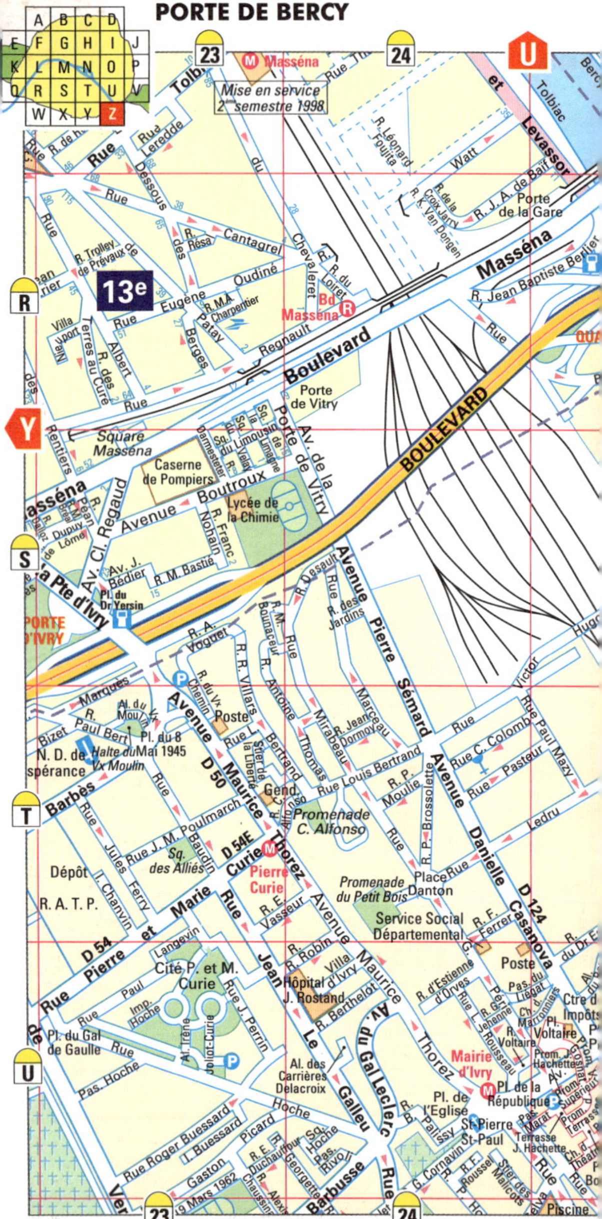

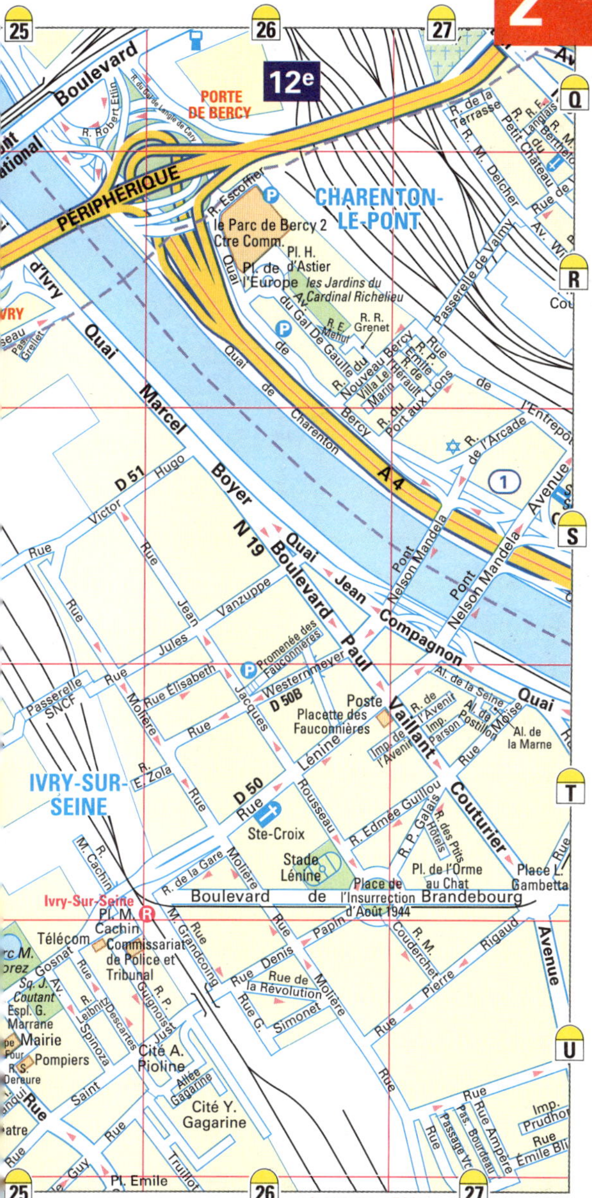

1 carreau = 500 m

Plan		Rues / Streets	Ar.
		A	
M	L 17	**Abbaye** Rue de l'	6
G	E 18	**Abbesses** Pass. des	18
B-G	E 18	**Abbesses** Pl. des	18
B-G	E 17	**Abbesses** Rue des	18
H	G 20	**Abbeville** R. d'	9-10
O-U	M 23	**Abel** Rue	12
H	H 20	**Aboukir** Rue d'	2
K	J 8	**About** Rue Edmond	16
B	D 18	**Abreuvoir** Rue de l'	18
F	G 11	**Acacias** Pass. des	17
F	F 11	**Acacias** Rue des	17
M	L 17	**Acadie** Pl. d'	6
E	G 7	**Acclimatation** Jardin d'	16
I	H 23	**Achard** Pl. Marcel	19
O	J 27	**Achille** Rue	20
N	K 21	**Achille** Sq. Louis	3
L	L 12	**Acollas** Av. Emile	7
A	D 11	**Adam** Av. Paul	17
N	K 19	**Adam** Rue Adolphe	4
T	O 20	**Adanson** Sq.	5
E	H 9	**Adenauer** Pl. Chancelier	16
K	L 9	**Ader** Pl. Clément	16
I	G 25	**Adour** Villa de l'	19
S	Q 17	**Adrienne** Villa	14
O-P	K 27	**Adrienne** Cité	20
C-H	E 20	**Affre** Rue	18
K	L 8	**Agar** Rue	16
G	H 15	**Aguesseau** Rue d'	8
B	B 17	**Agutte** Rue Georgette	18
O	I 24	**Aicard** Av. Jean	11
S	P 15	**Aide-Sociale** Sq. de l'	14
I	E 25	**Aigrettes** Villa des	19
D	D 24	**Aisne** Rue de l'	19
H	H 22	**Aix** Rue d'	10
M	K 14	**Ajaccio** Sq. d'	7
S	O 15	**Alain** Rue	14
L	L 12	**Alasseur** Rue	15
Y-Z	R 22	**Albert** Rue	13
B	B 17	**Albert** Pass. Charles	18
N	L 19	**Albert** Rue Maître	5
C	D 19	**Albert** Rue Paul	18
L	I 13	**Albert Premier** Cours	8
L	J 11	**Albert Premier de Monaco** Av.	16
U	N 25	**Albinoni** Rue	12
L	K 10	**Alboni** Sq. l'	16
L	K 10	**Alboni** Rue de l'	16
S	Q 17	**Alembert** Rue d'	14
S	N 15	**Alençon** Rue d'	15
S	Q 14	**Alésia** Sq. Ridder	14
S-X	Q 15	**Alésia** Villa d'	14
S-X	P 14	**Alésia** Rue d'	14
S	O 14	**Alexandre** Pass.	15
K	J 8	**Alex. 1er de Yougoslavie** Sq.	16
M	I 14	**Alexandre-III** Pont	7
H	H 19	**Alexandrie** Rue d'	2
O	K 25	**Alexandrine** Pass.	11
N-T	M 22	**Alger** Cour d'	12
M	I 16	**Alger** Rue d'	1
I	E 26	**Algérie** Bd d'	19
H	H 22	**Alibert** Rue	10
X	R 14	**Alice** Sq.	14
O	M 24	**Aligre** Pl. d'	12
O	M 23	**Aligre** Rue d'	12
K	L 6	**Aliscamps** Sq. des	16
I	H 24	**Allais** Pl. Alphonse	20
V	O 29	**Allard** Rue	12
M	K 17	**Allent** Rue	7
R	O 12	**Alleray** Hameau d'	15
R	P 13	**Alleray** Jardin d'	15
R	P 13	**Alleray** Pl. d'	15
R	P 13	**Alleray** Rue d'	15
R	P 13	**Alleray-Labrouste** Jardin	15
R	O 13	**Alleray-Quintinie** Sq.	15
I	F 26	**Allès** Rue de l'Inspecteur	19
F	E 10	**Allez** Rue Emile	17

Plan		Rues / Streets	Ar.
D	A 24	**Allier** Quai de l'	19
L	J 12	**Alma** Cité de l'	7
L	I 12	**Alma** Pont de l'	7
L	I 12	**Alma** Pl. de l'	8-16
N	I 20	**Alombert** Pass.	3
V	P 29	**Alouette** Rue de l'	12
I	F 25	**Alouettes** Rue des	19
T	Q 21	**Alpes** Pl. des	13
Y	Q 19	**Alphand** Rue	13
F	G 10	**Alphand** Av.	16
K-L	K 9	**Alphonse-XIII** Av.	16
I	F 26	**Alsace** Villa d'	19
H	F 21	**Alsace** Rue d'	10
U	M 25	**Alsace-Lorraine** Cour d'	12
D-I	E 26	**Alsace-Lorraine** Rue d'	19
I	F 26	**Amalia** Villa	19
I-O	I 25	**Amandiers** Rue des	20
G	H 18	**Amboise** Rue d'	2
U	P 24	**Ambroisie** Rue de l'	12
I-J	G 27	**Amélie** Villa	20
L	J 13	**Amélie** Rue	7
N	I 22	**Amelot** Rue	11
A	E 11	**Amérique-Latine** Jardin l'	17
L	L 12	**Amette** Pl. du Cardinal	15
O	L 25	**Ameublement** Cité de l'	11
P	J 28	**Amiens** Sq. d'	20
C	C 19	**Amiraux** Rue des	18
A-F	E 12	**Ampère** Rue	17
S	O 15	**Amphithéâtre** Pl. de l'	14
G	F 16	**Amsterdam** Cour d'	8
G	F 16	**Amsterdam** Imp. d'	8
G	E 16	**Amsterdam** Rue d'	8-9
T	N 19	**Amyot** Rue	5
M	L 18	**Ancienne Comédie** R. de l'	6
N	I 20	**Ancre** Pass. de l'	3
K	J 8	**Andigné** Rue d'	16
C	C 20	**Andrezieux** Al. d'	18
G	F 15	**Andrieux** Rue	8
B	E 18	**Androuet** Rue	18
B	B 17	**Angers** Imp. d'	18
N	J 20	**Angevin** Rue Geoffroy l'	4
D	D 23	**Anglais** Imp. des	19
N	L 19	**Anglais** Rue des	5
I-O	I 23	**Angoulème** Cité d'	11
N	L 21	**Anjou** Quai d'	4
G	G 16	**Anjou** Rue d'	8
L	K 10	**Ankara** Rue d'	16
I	I 26	**Annam** Rue d'	20
I	F 25	**Annelets** Rue des	19
X	R 17	**Annibal** Cité	14
K	K 9	**Annonciation** Rue de l'	16
U	Q 24	**Anouilh** Rue Jean	13
E	I 8	**Anselin** Jardin du Général	16
E	G 9	**Anselin** Rue du Général	16
O	M 27	**Antilles** Pl. des	11
F	I 13	**Antin** Imp. d'	8
G	G 17	**Antin** Cité d'	9
G	H 17	**Antin** Rue d'	2
S	P 17	**Antoine** Sq. Jacques	14
G	E 18	**Antoine** Rue André	18
H	E 19	**Anvers** Pl. d'	9
H	F 19	**Anvers** Sq. d'	9
B	C 16	**Apennins** Rue des	17
M	L 17	**Apollinaire** Rue Guillaume	6
X	S 16	**Appell** Av. Paul	14
N	K 22	**Appert** Rue Nicolas	11
E	H 9	**Appert** Rue du Général	16
H	E 21	**Aqueduc** Rue de l'	10
D	D 26	**Aquitaine** Sq. d'	19
T	P 20	**Arago** Bd	13
T	P 18	**Arago** Jardin	13
T	P 19	**Arago** Sq.	13
S-T	P 17	**Arago** Bd	13-14
N	J 19	**Aragon** Al. Louis	1
T	O 19	**Arbalète** Rue de l'	5
M-N	J 18	**Arbre-Sec** Rue de l'	1
R-W	Q 13	**Arbustes** Rue des	14
T-Y	Q 22	**Arc** Pl. Jeanne-d'	13

T-Y	O 21	**Arc** Rue Jeanne-d'	13
F	F 11	**Arc-de-Triomphe** Rue de l'	17
G	G 16	**Arcade** Rue de l'	8
D	C 23	**Archereau** Rue	19
N	L 20	**Archevêché** Quai de l'	4
N	L 20	**Archevêché** Pont de l'	4-5
V	O 28	**Archinard** Rue du Général	12
N	K 20	**Archives** Rue des	3
N	J 21	**Archives** Rue des	4
N	K 20	**Arcole** Pont d'	4
N	K 20	**Arcole** Rue d'	4
X	S 17	**Arcueil** Porte d'	14
Y	S 18	**Arcueil** Rue d'	14
D	D 25	**Ardennes** Rue des	19
T	N 20	**Arènes** Rue des	5
T	N 20	**Arènes-de-Lutèce** Sq. des	5
G	G 15	**Argenson** Rue d'	8
M	I 17	**Argenteuil** Rue d'	1
F	H 10	**Argentine** Cité de l'	16
F	G 11	**Argentine** Rue d'	16
K	K 8	**Argillière** Rue de l'	16
D	C 24	**Argonne** Rue de l'	19
H	I 18	**Argout** Rue d'	2
Q	N 6	**Arioste** Rue de l'	16
A	D 12	**Arlandes** Rue du Marquis d'	17
F	F 11	**Armaillé** Rue Louis d'	17
U	N 23	**Armand** Pl. Louis	12
B	C 17	**Armand** Villa	18
Q	P 9	**Armand** Rue	15
B	D 17	**Armée-d'Orient** Rue de l'	18
E-F	F 9	**Armenonville** Rue d'	17
S	O 14	**Armorique** Rue de l'	15
T	P 21	**Armstrong** Pl. Louis	13
K	K 8	**Arnauld** Sq. Antoine	16
K	K 8	**Arnauld** Rue Antoine	16
U	P 23	**Aron** Rue Raymond	13
U	O 23	**Arp** Rue Jean	13
N	J 22	**Arquebusiers** Rue des	3
N-T	M 20	**Arras** Rue d'	5
S	N 15	**Arrivée** Rue de l'	15
N	M 22	**Arsenal** Port de l'	12
N	M 22	**Arsenal** Port de l'	4
N	L 22	**Arsenal** Rue de l'	4
S	O 14	**Arsonval** Rue d'	15
U	N 25	**Artagnan** Rue d'	12
X	R 17	**Artistes** Rue des	14
F	G 13	**Artois** Rue d'	8
M	K 18	**Arts** Pont des	1
O-U	M 26	**Arts** Imp. des	12
O-U	M 23	**Arts** Rue viaduc des	12
S	P 15	**Arts** Pass. des	14
F	F 10	**Arts** Av. des	17
B	D 16	**Arts** Villa des	18
M	K 18	**Arts** Pont des	6
O	J 23	**Asile** Pass. de l'	11
O	J 23	**Asile-Popincourt** Rue de l'	11
N	K 21	**Asnier** Rue Geoffroy-l'	4
A	C 12	**Asnières** Porte d'	17
M-S	L 16	**Assas** Rue d'	6
S	P 15	**Asseline** Rue	14
C-H	E 20	**Assommoir** Pl. de l'	18
K	K 7	**Assomption** Rue de l'	16
G	G 15	**Astorg** Rue d'	8
S	N 15	**Astrolabe** Imp. de l'	15
T-Y	Q 19	**Atget** Rue Eugène	13
G	F 16	**Athènes** Rue d'	9
S	O 15	**Atlantique** Jardin	15
I	G 23	**Atlas** Pass. de l'	19
I	G 23	**Atlas** Rue de l'	19
K	K 8	**Aubé** Rue du Général	16
G	G 16	**Auber** Rue	9
C-D	B 22	**Aubervilliers** Rue d'	18-19
C-D	A 23	**Aubervilliers** Porte d'	18-19
C	D 22	**Aubervilliers** Imp. d'	19
N	M 21	**Aubigné** Rue Agrippa-d'	4
E	E 11	**Aublet** Villa	17
U	P 25	**Aubrac** Rue de l'	12
N	K 20	**Aubriot** Rue	4
O	K 26	**Aubry** Cité	20
N	J 19	**Aubry-le-Boucher** Rue	4
X	R 17	**Aude** Rue de l'	14
S	Q 17	**Audiard** Pl. Michel	14
A-F	E 10	**Audiberti** Jardin Jacques	17
B-G	E 17	**Audran** Rue	18
T	M 22	**Audubon** Rue	12
O	L 27	**Auger** Rue	20
L	K 12	**Augereau** Rue	7
K	J 8	**Augier** Bd Emile	16
I	F 27	**Aulard** Rue Alphonse	19
G	F 17	**Aumale** Rue d'	9
Y	R 21	**Aumont** Rue	13
F	E 11	**Aumont-Thiéville** Rue	17
O	J 25	**Aunay** Imp. d'	11
F	E 9	**Aurelle-Paladines** Bd d'	17
D-I	E 25	**Auric** Av. Georges	19
T	O 23	**Auriol** Bd Vincent	13
T	N 22	**Austerlitz** Pont d'	12
T-U	O 22	**Austerlitz** Quai d'	13
T	N 21	**Austerlitz** Cité d'	5
N-T	M 22	**Austerlitz** Rue d'	12
Q	N 5	**Auteuil** Bd d'	16
K	M 6	**Auteuil** Porte d'	16
K-Q	M 6	**Auteuil** Rue d'	16
H.C.	L 4	**Auteuil-à-Suresnes** Rte	16
K	L 5	**Auteuil-aux-Lacs** Rte d'	16
N	L 21	**Avé Maria** Rue de l'	4
I-O	I 24	**Avenir** Cité de l'	11
I	H 26	**Avenir** Rue de l'	20
F	G 10	**Avenue du Bois** Sq. de l'	16
E	G 9	**Avenue Foch** Sq. de l'	16
A	D 12	**Aveyron** Sq. de l'	17
Q	P 9	**Avia** Rue du Colonel Pierre	15
L	M 12	**Avre** Rue de l'	15
P	L 27	**Avron** Rue d'	20
B	D 18	**Aymé** Pl. Marcel	18
B-C	E 18	**Azaïs** Rue	18

B

B	A 17	**Babinsky** Rue du Docteur	18
M	L 14	**Babylone** Rue de	7
H.C.	Q 28	**Bac** Rte du	12
M	K 16	**Bac** Rue du	7
T	Q 22	**Bach** Rue Jean-Sébastien	13
H-N	I 19	**Bachaumont** Rue	2
X	R 14	**Bachelard** Al. Gaston	14
C	D 19	**Bachelet** Rue	18
F	E 11	**Bacon** Rue Roger	17
H.C.	H 4	**Bagatelle** Parc de	16
E	G 5	**Bagatelle** Porte de	16
X	S 16	**Bagneux** Rue de	14
P	I 29	**Bagnolet** Porte de	20
O-P	I 28	**Bagnolet** Rue de	20
Z	Q 25	**Baïf** Rue Jean-Antoine de	13
C	D 19	**Baigneur** Rue du	18
N	J 18	**Baillet** Rue	1
M-N	J 18	**Bailleul** Rue	1
S-X	Q 15	**Baillou** Rue	14
N	I 20	**Bailly** Rue	3
G-H	F 18	**Bailly** Rue de l'Agent	9
M	K 15	**Bainville** Pl. Jacques	7
Y	T 21	**Bajac** Sq. Robert	13
U	P 23	**Balanchine** Rue George	13
Q	M 9	**Balard** Rue	15
Q	P 9	**Balard** Pl.	15
I	I 23	**Baleine** Imp. de la	11
Q	N 6	**Balfourier** Av. du Général	16
P	J 28	**Balkans** Rue des	20
P-V	M 29	**Ballay** Rue Noël	20
G	E 16	**Ballu** Rue	9
G	E 16	**Ballu** Villa	9
F	E 12	**Balny-d'Avricourt** Rue	17
N	J 19	**Baltard** Rue	1
F	G 12	**Balzac** Rue	8
G-H	H 18	**Banque** Rue de la	2
T	P 20	**Banquier** Rue du	13
F	E 12	**Banville** Rue Théodore de	17
Q	P 7	**Bara** Rue	15
S	N 17	**Bara** Rue Joseph	6

Plan		Rues / Streets	Ar.
L	L 12	**Baratier** Rue du Général	15
D	C 24	**Barbanègre** Rue	19
C	C 19	**Barbès** Bd	18
M	K 15	**Barbet-de-Jouy** Rue	7
N	K 21	**Barbette** Rue	3
L	K 12	**Barbey-d'Aurevilly** Av.	7
H-I	H 23	**Barbier** Rue Auguste	11
X	S 16	**Barboux** Rue Henri	14
S	N 18	**Barbusse** R. Henri	14-5
K-Q	M 8	**Barcelone** Pl. de	16
S	Q 15	**Bardinet** Rue	14
G	E 15	**Baret** Pl. Richard	17
R	O 13	**Bargue** Rue	15
B	B 16	**Baron** Rue	17
D	A 25	**Baron** Pl. Auguste	19
T-Y	Q 19	**Barrault** Rue	13
T-Y	Q 19	**Barrault** Pass.	13
I	F 24	**Barrelet-de-Ricou** Rue	19
G	I 16	**Barrès** Pl. Maurice	1
E	F 6	**Barrès** Bd Maurice	16
E	F 7	**Barrès** Sq. du Capitaine	16
N	K 20	**Barres** Rue des	4
O-U	M 24	**Barrier** Imp.	12
N	I 20	**Barrois** Pass.	3
J	F 28	**Barroux** Al. Marius	19
R	O 13	**Barruel** Rue Paul	15
C-B	E 18	**Barsacq** Rue André	18
M-S	M 17	**Bart** Rue Jean	6
W	R 12	**Bartet** Rue Julia	14
H	E 22	**Barthélemy** Pass.	10
R	M 14	**Barthélemy** Rue	15
L	L 11	**Bartholdi** Rue Auguste	15
W	Q 11	**Bartholomé** Av. Albert	15
W	Q 11	**Bartholomé** Sq. Albert	15
K	I 7	**Barthou** Av. Louis	16
L	L 10	**Bartok** Sq. Bela	15
F	F 13	**Barye** Rue	17
N	M 21	**Barye** Sq.	4
X	R 16	**Basch** Pl. Victor-et-Hélène	14
H-N	I 20	**Basfour** Pass.	2
O	K 23	**Basfroi** Rue	11
O	K 24	**Basfroi** Pass.	11
J	H 27	**Basilide-Fossard** Imp.	20
F	H 12	**Bassano** R. de	16-8
N	M 19	**Basse-des-Carmes** Rue	5
T	M 19	**Basset** Pl. de l'Abbé	5
N	L 22	**Bassompierre** Rue	4
I	F 23	**Baste** Rue	19
F	G 13	**Bastiat** Rue Frédéric	8
Z	S 23	**Bastié** Rue Maryse	13
N	L 22	**Bastille** Pl. de la	11-12-4
N	L 22	**Bastille** Bd de la	12
N	L 22	**Bastille** Rue de la	4
K	K 7	**Bataille** Sq. Henry	16
H	E 22	**Bat. de Stalingrad** Pl. de la	10-19
N	L 20	**Bataillon Fr. ONU Corée** Pl.	4
U	O 24	**Bataillon-du-Pacifique** Pl.	12
B	D 15	**Batignolles** Sq. des	17
G	E 16	**Batignolles** Bd des	17-8
B-G	D 15	**Batignolles** Rue des	17
F	H 12	**Bauchart** Rue Quentin	8
U	M 26	**Bauchat** Rue du Sergent	12
K	K 8	**Bauches** Rue des	16
O	L 24	**Baudelaire** Rue Charles	12
C	C 19	**Baudelique** Rue	18
V	O 29	**Baudin** Rue	12
N-O	J 22	**Baudin** Rue Alphonse	11
T	P 22	**Baudoin** Rue	13
N	K 20	**Baudoyer** Pl.	4
Y	R 20	**Baudran** Imp.	13
Y	Q 22	**Baudricourt** Rue	13
Y	R 21	**Baudricourt** Imp.	13
R-W	Q 13	**Baudry** Rue Jacques	15
F	G 13	**Baudry** Rue Paul	8
S	Q 15	**Bauer** Cité	14
U	O 25	**Baulant** Rue	12
J	H 28	**Baumann** Villa	20
R	O 12	**Bausset** Rue	15
F-L	I 13	**Bayard** Rue	8
F	E 11	**Bayen** Rue	17
T	Q 21	**Bayet** Rue Albert	13
O	K 25	**Bayle** Rue Pierre	20
T	O 19	**Bazeilles** Rue de	5
K	L 7	**Bazin** Rue René	16
N	K 22	**Béarn** Rue de	3
N	I 20	**Beaubourg** Rue	3-4
N	J 20	**Beaubourg** Imp.	3
N	J 21	**Beauce** Rue de	3
F	F 13	**Beaucour** Av.	8
K	L 7	**Beaudoin** Pass. Eugène	16
P	L 28	**Beaufils** Pass.	20
L-R	M 10	**Beaugrenelle** Rue	15
O	L 25	**Beauharnais** Cité	11
I	F 23	**Beaujeu** Al. Anne-de	19
G-M	I 18	**Beaujolais** Gal.	1
G-M	I 18	**Beaujolais** Pass. de	1
G-M	I 18	**Beaujolais** Rue de	1
F	G 12	**Beaujon** Rue	8
G	G 14	**Beaujon** Sq.	8
N	K 22	**Beaumarchais** Bd	4-11
M	K 16	**Beaune** Rue de	7
X	R 16	**Beaunier** Rue	14
K-Q	M 8	**Beauregard** Pl. Paul	16
H	H 19	**Beauregard** Rue	2
H	H 21	**Beaurepaire** Rue	10
H-N	I 19	**Beaurepaire** Cité	2
K	K 7	**Beauséjour** Bd	16
K	K 8	**Beauséjour** Villa de	16
N	K 22	**Beausire** Imp. Jean	4
N	L 22	**Beausire** Rue Jean	4
N	L 21	**Beautreillis** Rue	4
N	M 19	**Beauvais** Rue Jean-de	5
G	H 15	**Beauvau** Pl.	8
M	K 17	**Beaux-Arts** Rue des	6
O-U	M 24	**Beccaria** Rue	12
O	M 24	**Béclère** Pl. du DrAntoine	12
Y	R 18	**Becque** Rue Henri	13
C	D 18	**Becquerel** Rue	18
Z	S 23	**Bédier** Av. Joseph	13
L	K 10	**Beethoven** Rue	16
U	Q 27	**Béhagle** Rue Ferdinand de	12
U	M 26	**Bel-Air** Av. du	12
O	L 23	**Bel-Air** Cour du	12
V	N 28	**Bel-Air** Villa du	12
A	D 11	**Belagny** Jardin Auguste	17
O	K 24	**Belfort** Rue de	11
L	K 12	**Belgrade** Rue de	7
P	I 27	**Belgrand** Rue	20
H	E 19	**Belhomme** Rue	18
F	F 10	**Belidor** Rue	17
H-N	I 19	**Bellan** Rue Léopold	2
R	M 13	**Bellart** Rue	15
A	E 11	**Bellat** Sq. Jérôme	17
N	J 19	**Bellay** Pl. Jean du	1
N	L 20	**Bellay** Rue Jean-du	4
D-I	E 23	**Belleau** Villa Rémi	19
M	J 16	**Bellechasse** Rue de	7
H	F 19	**Bellefond** Rue de	9
E-F	H 9	**Belles-Feuilles** Imp.	16
E-F	H 9	**Belles-Feuilles** Rue des	16
I	H 23	**Belleville** Bd de	11-20
I-J	G 28	**Belleville** Rue de	19-20
I	H 24	**Belleville** Parc de	20
I	F 26	**Bellevue** Villa de	19
I	F 26	**Bellevue** Rue de	19
B-C	B 16	**Belliard** Rue	18
B	B 16	**Belliard** Villa	18
Y	R 20	**Bellier-Dedouvre** Rue	13
T-U	O 23	**Bellièvre** Rue de	13
L	J 10	**Bellini** Rue	16
C	D 22	**Bellot** Rue	19
F	H 11	**Belloy** Rue de	16
U	O 24	**Belmondo** Rue Paul	12
D	C 25	**Belvédère** Al. du	19
J	F 27	**Belvédère** Av. du	19
H	F 19	**Belzunce** Rue de	10

H-N	I 19	**Ben-Aïad** Pass.	2
V	N 27	**Bénard** Villa Charles	12
S	Q 15	**Bénard** Rue	14
K-Q	M 5	**Bennett** Av. Gordon	16
U	M 26	**Benoist** Rue Marie	12
E	H 9	**Benouville** Rue	16
K	L 8	**Béranger** Rue hameau	16
H-N	I 21	**Béranger** Rue	3
N	L 22	**Bérard** Cour	4
T	P 19	**Berbier-du-Mets** Rue	13
U	P 24	**Bercy** Parc de	12
U	N 14	**Bercy** Al.	12
U	O 23	**Bercy** Bd de	12
U	O 23	**Bercy** Port de	12
U-Z	P 24	**Bercy** Porte de	12
U	O 23	**Bercy** Quai de	12
U	O 23	**Bercy** Pont de	12-13
T-U	M 22	**Bercy** Rue de	12
O	L 27	**Bergame** Imp. de	20
N	J 18	**Berger** Rue	1
F-G	E 14	**Berger** Rue Georges	17
K	L 8	**Bergerat** Av. Emile	16
H	H 18	**Bergère** Rue	9
H	H 18	**Bergère** Cité	9
R	N 10	**Bergers** Rue des	15
G	G 15	**Bergson** Pl. Henri	8
M-S	M 16	**Bérite** Rue de	6
Z	R 24	**Berlier** Rue Jean-Baptiste	13
G	E 17	**Berlioz** Sq.	9
F	G 10	**Berlioz** Rue	16
S	O 18	**Bernanos** Av. Georges	5
F	F 11	**Bernard** Pl. Tristan	17
C	C 18	**Bernard** Pl. Charles	18
Y	R 19	**Bernard** Rue Martin	13
Q	N 5	**Bernard** Rue Joseph	16
T	O 19	**Bernard** Rue Claude	5
N	L 20	**Bernardins** Rue des	5
G	E 15	**Berne de** Rue	8
P	M 27	**Bernhardt** Sq. Sarah	20
G	F 15	**Bernouilli** Rue	8
U	O 24	**Bernstein** Pl. Léonard	12
F	G 13	**Berri** Rue de	8
G	G 16	**Berry** Pl. Georges	9
F	G 13	**Berryer** Rue	8
G	H 15	**Berryer** Cité	8
O	L 25	**Bert** Rue Paul	11
F	F 10	**Bertandeau** Sq. Gaston	17
J	I 28	**Berteaux** Rue Maurice	20
N	J 20	**Berthaud** Imp.	3
I	G 25	**Berthaut** Rue Constant	20
B-G	E 18	**Berthe** Rue	18
Y	S 21	**Bertheau** Rue Charles	13
N	M 19	**Berthelot** Pl. Marcelin	5
F	G 12	**Berthie-Albrecht** Av.	8
A-B	B 15	**Berthier** Bd	17
A-F	E 11	**Berthier** Villa	17
T	O 19	**Berthollet** Rue	5
F	I 12	**Bertillon** Imp. DrJacques	8
R-S	P 14	**Bertillon** Rue Alphonse	15
C	B 22	**Bertin** Rue Emile	18
N	K 19	**Bertin-Poirée** Rue	1
K-L	K 9	**Berton** Rue	16
O	I 24	**Bertrand** Cité	11
M	M 14	**Bertrand** Rue du Général	7
C-H	E 19	**Bervic** Rue	18
B	C 15	**Berzélius** Rue	17
B	C 15	**Berzélius** Pass.	17
O	J 23	**Beslay** Pass.	11
A-F	E 12	**Besnard** Sq. Albert	17
S	N 16	**Besse** Al. Georges	14
B	C 14	**Bessières** Rue	17
B	B 16	**Bessières** Bd	17
R	Q 13	**Bessin** Rue du	15
N	L 20	**Béthune** Quai de	4
G	E 15	**Beudant** Rue	17
R	N 13	**Beuret** Pl. du Général	15
R	N 13	**Beuret** Rue du Général	15
X-S	Q 16	**Bezout** Rue	14
H	G 21	**Bichat** Rue	10
I-O	I 25	**Bidassoa** Rue de la	20
U	N 24	**Bidault** Ruelle	12
H	H 20	**Bidault** Sq. Georges	2
B	B 17	**Bienaimé** Cité	18
G	G 14	**Bienfaisance** Rue de la	8
S	N 15	**Bienvenue** Pl.	15
N	L 20	**Bièvre** Rue de	5
U	O 25	**Bignon** Rue	12
X	Q 17	**Bigorre** Rue de	14
D	A 25	**Bigot** Sente à	19
D-I	E 24	**Binder** Pass.	19
B	A 18	**Binet** Jardin René	18
C	B 18	**Binet** Rue René	18
G-F	E 14	**Bingen** Rue Jacques	17
G	E 16	**Biot** Rue	17
L	K 10	**Bir-Hakeim** Pont de	16
N	K 22	**Birague** Rue de	4
G	F 18	**Biscarre** Sq. Alex	9
N	L 22	**Biscornet** Rue	12
P	K 28	**Bissière** Rue Roger	20
I	H 24	**Bisson** Rue	20
D	D 24	**Bitche** Pl. de	19
L	L 14	**Bixio** Rue	7
B-G	E 16	**Bizerte** Rue de	17
F	I 12	**Bizet** Rue Georges	16
V	O 27	**Bizot** Av. Général-Michel	12
H	F 22	**Blache** Rue Robert	10
T	N 19	**Blainville** Rue	5
O	J 24	**Blaise** Rue du Général	11
B	A 16	**Blaisot** Rue Camille	17
H	E 21	**Blanc** Rue Louis	10
J-P	I 28	**Blanc** Rue Irénée	20
P	K 28	**Blanchard** Rue	20
R-W	Q 13	**Blanche** Cité	14
K	K 7	**Blanche** Rue du Docteur	16
K	L 7	**Blanche** Sq. du Docteur	16
B	E 17	**Blanche** Imp. Marie	18
G	E 17	**Blanche** Pl.	18-9
G	E 17	**Blanche** Rue	9
I	E 25	**Blanche-Antoinette** Rue	19
V	P 28	**Blanchet** Sq. Paul	12
N	J 20	**Blancs-Manteaux** Rue	4
T	Q 18	**Blanqui** Bd Auguste	13
T	Q 22	**Blanqui** Villa Auguste	13
U	P 24	**Blaye** Rue de	12
O	K 23	**Blégny** Villa Nicolas de	11
B-C	C 18	**Blémont** Rue Emile	18
K-Q	M 9	**Blériot** Quai Louis	16
H	G 19	**Bleue** Rue	9
R	N 13	**Blomet** Rue	15
R	N 13	**Blomet** Sq.	15
H	H 20	**Blondel** Quai	2-3
O	I 24	**Bluets** Rue des	11
O	K 24	**Blum** Pl. Léon	11
Y	R 22	**Blumenthal** Sq. Florence	13
K	M 8	**Blumenthal** Rue Florence	16
T-Y	Q 20	**Bobillot** Rue	13
R	Q 13	**Bocage** Rue du	15
F-L	I 12	**Boccador** Rue du	8
H	E 18	**Bochart-de-Saron** Rue	9
R	N 11	**Bocquillon** Rue Henri	15
B	C 15	**Bodin** Rue Paul	17
L-K	J 9	**Bœgner** Rue du Pasteur Marc	16
I	F 25	**Boërs** Villa des	19
N	J 20	**Bœuf** Imp. du	4
N-T	M 19	**Bœufs** Imp. des	5
G	H 18	**Boieldieu** Pl.	2
Q	M 7	**Boileau** Rue	16
Q	N 6	**Boileau** Hameau	16
Q	M 7	**Boileau** Villa	16
K	J 7	**Boilly** Rue Louis	16
C	C 19	**Boinod** Rue	18
I-J	F 26	**Bois** Rue des	19
F	G 10	**Bois-de-Boulogne** Rue	16
B	A 15	**Bois-le-Prêtre** Bd du	17
K	K 8	**Bois-le-Vent** Rue	16
P	L 28	**Boisselat et Blanche** Cité	20
R-W	Q 11	**Boissier** Rue Gaston	15
F-L	H 10	**Boissière** Rue	16
F-L	I 11	**Boissière** Villa	16
C-H	E 19	**Boissieu** Rue	18

Plan		Rues / Streets	Ar.
S	O 17	**Boissonade** Rue	14
G	H 15	**Boissy-d'Anglas** Rue	8
Y	R 20	**Boiton** Pass.	13
D	D 25	**Boléro** Villa	19
I	F 23	**Bolivar** Av. Simon	19
I	G 24	**Bolivar** Sq.	19
L	L 10	**Bolivie** Pl. de	16
Y	S 22	**Bollée** Av. Léon	13
K-L	K 9	**Bologne** Rue Jean	16
J-P	K 28	**Bombois** Rue Camille	20
O	K 24	**Bon-Secours** Imp.	11
M	K 17	**Bonaparte** Rue	6
R	M 13	**Bonheur** Rue Rosa	15
P	J 27	**Bonnard** Rue Pierre	20
K	L 8	**Bonnat** Rue Léon	16
C	D 19	**Bonne** Rue de la	18
H	H 19	**Bonne Nouvelle** Bd de	10-2
O	L 23	**Bonne-Graine** Pass. de la	11
H	H 20	**Bonne-Nouvelle** Imp. de la	10
K	K 9	**Bonnet** Av. Colonel	16
B	B 17	**Bonnet** Rue	18
I	H 23	**Bonnet** Rue Louis	11
M	J 18	**Bons-Enfants** Rue des	1
H	H 21	**Bonsergent** Pl. Jacques	10
R	M 13	**Bonvin** Rue François	15
H-N	I 21	**Borda** Rue	3
M	J 16	**Bords de l'Eau** Terrasse du	1
B	B 16	**Borel** Sq. Emile	17
B	A 15	**Borel** Rue Emile	17
A-F	E 13	**Borel** Rue Paul	17
I-O	I 25	**Borey** Rue Elisa	20
I-O	I 25	**Borey** Sq. Elisa	20
K	J 8	**Bornier** Rue Henri-de	16
I-J	G 27	**Borrégo** Villa du	20
I-J	G 27	**Borrégo** Rue du	20
R	N 13	**Borromée** Rue	15
K	M 7	**Bosio** Rue	16
L	K 13	**Bosquet** Rue	7
L	J 12	**Bosquet** Av.	7
L	J 13	**Bosquet** Villa	7
Q	O 8	**Bossoutrot** Rue Lucien	15
H	F 20	**Bossuet** Rue	10
U	N 24	**Bossut** Rue Charles	12
I	H 25	**Botha** Rue	20
M	K 16	**Bottin** Rue Sébastien	7
I	F 25	**Botzaris** Rue	19
H	H 20	**Bouchardon** Rue	10
N	J 19	**Boucher** Rue	1
Y	T 21	**Boucher** Sq. Hélène	13
W	R 13	**Bouchor** Rue Maurice	14
R	M 14	**Bouchut** Rue	15
R	N 10	**Boucicaut** Rue	15
M	L 16	**Boucicaut** Sq.	7
C	C 21	**Boucry** Rue	18
K	L 8	**Boudart** Villa Patrice	16
J	H 28	**Boudin** Pass.	20
K	L 8	**Boudon** Av.	16
G	H 16	**Boudreau** Rue	9
K	L 7	**Boufflers** Av. de	16
L	K 13	**Bougainville** Rue	7
Q	O 9	**Bouilloux-Lafont** Rue	15
K	K 8	**Boulainvilliers** Hameau	16
K	K 9	**Boulainvilliers** Rue de	16
G	F 16	**Boulanger** Pl. Lili	9
H	H 21	**Boulanger** Rue René	10
T	M 20	**Boulangers** Rue des	5
S	P 17	**Boulard** Rue	14
B	C 15	**Boulay** Rue	17
B	B 15	**Boulay** Pass.	17
B	C 15	**Boulay-Level** Sq.	17
O	L 23	**Boule-Blanche** Pass.	12
H	G 19	**Boule-Rouge** Imp. de la	9
H	G 19	**Boule-Rouge** Rue de la	9
E-Q	G 6	**Bouleaux** Al. des	16
I	E 23	**Bouleaux** Sq. des	19
O	L 25	**Boulets** Rue des	11
X	Q 15	**Boulitte** Rue	14
N-O	K 23	**Boulle** Rue	11
F	F 12	**Boulnois** Pl.	17
K	L 5	**Boulogne-à-Passy** Rte de	16
M-N	I 18	**Bouloi** Rue du	1
F-L	I 11	**Bouquet-de-Longchamp** R.	16
N	L 20	**Bourbon** Quai de	4
M	L 17	**Bourbon-le-Château** Rue	6
A	D 12	**Bourdais** Rue Jules	17
G	G 18	**Bourdaloue** Rue	9
O-U	M 25	**Bourdan** Rue Pierre	12
S	N 15	**Bourdelle** Rue Antoine	15
K	L 9	**Bourdet** Rue Maurice	16
F	I 13	**Bourdin** Imp.	8
N	L 22	**Bourdon** Bd	4
N	J 19	**Bourdonnais** Imp. des	1
N	J 19	**Bourdonnais** Rue des	1
I	E 23	**Bouret** Rue	19
N	I 20	**Bourg-l'Abbé** Pass.	2
N	I 20	**Bourg-l'Abbé** Rue du	3
N	K 20	**Bourg-Tibourg** Rue du	4
L	K 11	**Bourgeois** Al. Léon	7
O-P	L 27	**Bourges** Rue Michel de	20
Y	T 21	**Bourget** Rue Paul	13
M	J 15	**Bourgogne** Rue de	7
U	N 24	**Bourgoin** Pl. du Colonel	12
Y	R 22	**Bourgoin** Imp.	13
Y	R 22	**Bourgoin** Pass.	13
Y	S 20	**Bourgon** Rue	13
X	R 14	**Bournazel** Rue Henry de	14
Y	S 21	**Bourneville** Rue du Dr	13
B-G	E 15	**Boursault** Rue	17
G	E 15	**Boursault** Imp.	17
G-H	H 18	**Bourse** Pl. de la	2
G	H 18	**Bourse** Rue de la	2
R	O 12	**Bourseul** Rue	15
Y	R 18	**Boussingault** Rue	13
N	L 20	**Boutarel** Rue	4
N	L 19	**Boutebrie** Rue	5
Y	Q 18	**Boutin** Rue	13
U	M 23	**Bouton** Rue Jean	12
H	F 21	**Boutron** Imp.	10
Z	S 23	**Boutroux** Av.	13
L	K 12	**Bouvard** Av. Joseph	7
N	M 19	**Bouvart** Imp.	5
O	L 25	**Bouvier** Rue	11
O	L 26	**Bouvines** Av. de	11
O	M 26	**Bouvines** Rue de	11
H	F 22	**Boy-Zelenski** Rue	10
Z	R 25	**Boyer** Quai Marcel	13
I	H 26	**Boyer** Rue	20
S	P 15	**Boyer-Barret** Rue	14
L	K 10	**Boylesve** Av. René	16
H	H 20	**Brady** Pass.	10
U	O 26	**Brahms** Rue	12
U-V	O 27	**Braille** Rue Louis	12
R	P 13	**Brancion** Rue	15
W	R 12	**Brancion** Sq.	15
S	O 15	**Brancusi** Pl. Constantin	14
L	J 12	**Branly** Quai	15-7
N	J 20	**Brantôme** Rue	3
N	J 20	**Brantôme** Pass.	3
X	S 17	**Braque** Rue Georges	14
N	J 20	**Braque** Rue de	3
R	Q 12	**Brassens** Parc Georges	15
U	P 23	**Braudel** Rue Fernand	13
L	L 10	**Brazzaville** Pl. de	15
S	N 16	**Bréa** Rue	6
Y-Z	S 23	**Bréal** Rue Michel	13
U	O 26	**Brèche-aux-Loups** Rue la	12
B	B 16	**Bréchet** Rue André	17
O	K 23	**Bréguet** Rue	11
N-O	K 23	**Bréguet Sabin** Square	11
A-F	E 13	**Brémontier** Rue	17
A-F	E 13	**Brésil** Pl. du	17
Q	O 7	**Bresse** Sq. de la	16
N	I 21	**Bretagne** Rue de	3
M	L 14	**Breteuil** Av. de	15
L-M	M 14	**Breteuil** Pl. de	15-7
M	L 14	**Breteuil** Av. de	7

N	J 19	**Breton** Al. André	1
T	O 21	**Breton** Rue Jules	13
J	I 27	**Bretonneau** Rue	20
I	H 23	**Bretons** Cour des	10
N	L 21	**Bretonvilliers** Rue de	4
F	G 11	**Brey** Rue	17
S	Q 16	**Brézin** Rue	14
W	R 12	**Brancion** Porte de	15
X	T 16	**Briand** Av. Aristide	14
M	J 15	**Briand** Rue Aristide	7
H	G 18	**Briare** Imp.	9
B	E 15	**Bridaine** Rue	17
H-I	F 23	**Brie** Pass. de la	19
V	N 27	**Briens** Sentier	12
B	B 16	**Brière** Rue Arthur	17
L	I 12	**Brignole** Rue	16
L	I 12	**Brignolle Galliera** Sq.	16
Y	R 18	**Brillat-Savarin** Rue	13
D-I	E 23	**Brindeau** Al. du	19
H	E 19	**Briquet** Rue	18
H	E 19	**Briquet** Pass.	18
W	Q 13	**Briqueterie** Rue de la	14
N	J 20	**Brisemiche** Rue	4
N	M 22	**Brissac** Rue de	4
F	I 12	**Brisson** Pl. Pierre	16
B	B 17	**Brisson** Rue Henri	18
I	H 26	**Brizeux** Sq.	20
T	P 19	**Broca** Rue	13
T	O 19	**Broca** Rue	5
F	F 13	**Brocard** Pl. du Général	8
B	D 15	**Brochant** Rue	17
T	P 22	**Broglie** Rue M. et Louis de	13
H	H 18	**Brongniart** Rue	2
N	K 20	**Brosse** Rue de	4
T	N 20	**Brosse** Rue Guy-de-la	5
T	N 19	**Brossolette** Rue Pierre	5
K	L 8	**Brottier** Rue du Père	16
L	K 12	**Brouardel** Av. du Docteur	7
B	D 18	**Brouillards** Al. des	18
S	Q 18	**Broussais** Rue	14
B	B 15	**Brousse** Rue du Dr Paul	17
S	N 14	**Brown-Séquard** Rue	15
T	P 22	**Bruant** Rue	13
B-G	E 17	**Bruant** Rue Aristide	18
F	G 10	**Bruix** Bd de l'Amiral	16
S-X	Q 17	**Bruller** Rue	14
O	M 24	**Brulon** Pass.	12
X	R 15	**Brune** Villa	14
W-X	R 13	**Brune** Bd	14
K	K 9	**Bruneau** Rue Alfred	16
F	F 10	**Brunel** Rue	17
Z	R 24	**Bruneseau** Rue	13
B	B 16	**Brunet** Rue Frédéric	17
I	E 26	**Brunet** Rue du Général	19
A	C 13	**Brunetière** Av.	17
S	P 16	**Brunot** Pl. Ferdinand	14
S	P 16	**Brunot** Sq. Ferdinand	14
U	N 24	**Brunoy** Pass.	12
G	E 16	**Bruxelles** Rue de	9
G	F 16	**Bucarest** Rue de	8
N	L 19	**Bûcherie** Rue de la	5
M	L 18	**Buci** Car. de	6
M	L 17	**Buci** Rue de	6
G	F 16	**Budapest** Pl. de	9
G	G 16	**Budapest** Rue de	9
N	L 20	**Budé** Rue	4
C	D 20	**Budin** Rue Pierre	18
L	K 11	**Buenos-Aires** Rue de	7
G-H	G 18	**Buffault** Rue	9
T	N 22	**Buffon** Rue	5
F	H 10	**Bugeaud** Av.	16
K-Q	M 7	**Buis** Rue du	16
Q	O 5	**Buisson** Av. Ferdinand	16
B	D 18	**Buisson** Sq. S.	18
I	H 23	**Buisson-Saint-Louis** Pass.	10
I	G 23	**Buisson-Saint-Louis** R. du	10
L	K 13	**Bülher** Sq. Denys	7
H	H 21	**Bullet** Rue Pierre	10
O	K 24	**Bullourde** Pass.	11
Y	R 19	**Buot** Rue	13
O	L 26	**Bureau** Imp. du	11
O	K 26	**Bureau** Pass. du	11
O	L 26	**Bureau** Pass. du	11
I	G 23	**Burnouf** Rue	19
B	D 18	**Burq** Rue	18
I	E 26	**Butte Chapeau-Rouge** Sq.	19
Y	Q 19	**Butte-aux-Cailles** Rue	13
K	L 5	**Butte-Mortemart** Rue	16
I	F 25	**Buttes Chaumont** Parc des	19
C	C 22	**Buzelin** Rue	18
O-P	K 27	**Buzenval** Rue de	20
F	G 12	**Byron** Rue Lord	8

C

L-R	M 12	**Cabanel** Rue Alexandre	15
S	Q 18	**Cabanis** Rue	14
Y	S 19	**Cacheux** Rue	13
T	P 18	**Cachot** Sq. Albin	13
H	G 18	**Cadet** Rue	9
R	P 11	**Cadix** Rue de	15
H	E 19	**Cadran** Imp. du	18
N	I 21	**Caffarelli** Rue	3
Y	S 19	**Caffieri** Av.	13
D	E 26	**Cahors** Rue de	19
H	E 21	**Cail** Rue	10
O	L 23	**Caillard** Imp.	11
Y	S 21	**Caillaux** Rue	13
L	M 10	**Caillavet** Rue Gaston de	15
V	N 29	**Cailletet** Rue	12
C-H	E 22	**Caillié** Rue	18
X	R 15	**Caïn** Rue Auguste	14
N	K 21	**Caïn** Sq. G.	4
H	I 19	**Caire** Pl. du	2
H	I 19	**Caire** Pass. du	2
G	G 15	**Caire** Av. César	8
H	I 19	**Caire** Rue du	2
G	E 17	**Calais** Rue de	9
L	I 12	**Callas** Pl. Maria	16
M	K 18	**Callot** Rue Jacques	6
B	C 18	**Calmels** Rue	18
B	C 18	**Calmels** Imp.	18
B	C 18	**Calmels Prolongée** Rue	18
R-W	Q 12	**Calmette** Sq. du Docteur	15
B	E 18	**Calvaire** Pl. du	18
B-C	D 18	**Calvaire** Rue du	18
T	N 19	**Calvin** Rue Jean	5
G	G 15	**Cambacérès** Rue	8
I	F 26	**Cambo** Rue de	19
I-O	I 26	**Cambodge** Rue du	20
G	H 16	**Cambon** Rue	1
D	B 24	**Cambrai** Rue de	19
R	M 12	**Cambronne** Rue	15
L-R	M 12	**Cambronne** Pl.	15
L-R	M 12	**Cambronne** Sq.	15
R-W	Q 13	**Camélias** Rue des	14
L	J 10	**Camoëns** Av. de	16
L	K 12	**Camou** Rue du Général	7
S	O 17	**Campagne-Première** Rue	14
T	P 21	**Campo-Formio** Rue de	13
R-W	Q 13	**Camulogène** Rue	15
H	F 22	**Camus** Rue Albert	10
L	I 14	**Canada** Pl. du	8
C	D 21	**Canada** Rue du	18
H	G 21	**Canal** Al. du	10
V	M 28	**Canart** Imp.	12
O	L 24	**Candie** Rue de	11
T	O 20	**Candolle** Rue de	5
M	L 17	**Canettes** Rue des	6
S	P 14	**Cange** Rue du	14
M	M 17	**Canivet** Rue du	6
U	O 26	**Cannebière** Rue	12
Z	R 23	**Cantagrel** Rue	13
N-O	L 23	**Cantal** Cour du	11
D	D 25	**Cantate** Villa	19
T	N 20	**Capitan** Sq.	5
C-H	E 20	**Caplat** Rue	18
U	P 27	**Capri** Rue de	12
G-B	E 16	**Capron** Rue	18
G	H 16	**Capucines** Bd des	2-9

Plan		**Rues** / Streets	Ar.
G	H 16	**Capucines** Rue des	1-2
K	L 6	**Capus** Sq. Alfred	16
R	O 12	**Carcel** Rue	15
C	D 20	**Carco** Rue Francis	18
B	C 15	**Cardan** Rue	17
P	K 28	**Cardeurs** Sq. des	20
M	L 17	**Cardinale** Rue	6
B-F	C 15	**Cardinet** Rue	17
A-B	D 14	**Cardinet** Pass.	17
I	F 25	**Carducci** Rue	19
N	J 19	**Carême** Rue Antoine	1
N	M 19	**Carmes** Rue des	5
V	M 29	**Carnot** Bd	12
A	D 11	**Carnot** Rue	17
F	G 11	**Carnot** Av.	17
I	F 26	**Carnot** Villa Sadi	19
G	E 16	**Caroline** Rue	17
I-J	F 27	**Carolus-Duran** Rue	19
N	K 21	**Caron** Rue	4
B	C 17	**Carpeaux** Rue	18
N-T	M 19	**Carré** Jardin	5
M	K 18	**Carrée** Cour	1
N	J 19	**Carrée** Pl.	1
L	L 12	**Carrel** Rue Armand	15
I	E 24	**Carrel** Pl.	19
I	E 23	**Carrel** Rue Armand	19
L-R	M 12	**Carrier-Belleuse** Rue	15
B	C 17	**Carrière** Rue Eugène	18
O	K 25	**Carrière-Mainguet** Imp.	11
K-L	K 10	**Carrières** Imp. des	16
D-I	E 26	**Carrières-d'Amérique** Rue	19
L	L 12	**Carriès** Rue Jean	7
M	J 17	**Carrousel** Jardin du	1
M	J 17	**Carrousel** Pl. du	1
M	J 17	**Carrousel** Pont du	1
M	K 17	**Carrousel** Pont du	6
M	K 17	**Carrousel** Pont du	7
P	I 29	**Cartellier** Av.	20
B	C 16	**Cartier** Rue Jacques	18
S-X	Q 14	**Carton** Rue de l'Abbé	14
R	O 10	**Casablanca** Rue de	15
B	D 18	**Casadesus** Pl.	18
U	Q 23	**Casals** Rue Pau	13
L	M 10	**Casals** Sq. Pablo	15
G	I 17	**Casanova** Rue Danielle	1-2
K	K 6	**Cascades** Car. des	16
I	G 25	**Cascades** Rue des	20
P	I 28	**Casel** Rue Emile-Pierre	20
M	L 17	**Cassette** Rue	6
N	J 19	**Cassin** Pl. René	1
S	O 17	**Cassini** Rue	14
R	P 14	**Castagnary** Rue	15
R-W	Q 13	**Castagnary** Sq.	15
O	L 27	**Casteggio** Imp. de	20
I	H 25	**Castel** Villa	20
O	M 23	**Castelar** Rue Emilio	12
G	H 16	**Castellane** Rue de	8
L	L 12	**Castelnau** Rue du Gal de	15
N	L 22	**Castex** Rue	4
G-M	I 16	**Castiglione** Rue de	1
S	O 15	**Catalogne** Pl. de	14
M-N	I 18	**Catinat** Rue	1
F-G	E 13	**Catroux** Pl. du Général	17
B-G	E 17	**Cauchois** Rue	18
Q	N 9	**Cauchy** Rue	15
B	D 18	**Caulaincourt** Rue	18
B	D 17	**Caulaincourt** Sq.	18
G	G 16	**Caumartin** Rue de	9
H	I 20	**Caus** Rue Salomon-de	3
O	K 24	**Cavaignac** Rue Godefroy	11
L	M 12	**Cavalerie** Rue de la	15
E	G 8	**Cavalière des Bouleaux** Al.	16
E	H 8	**Cav. Lacs à Pte Dauphine** Al.	16
E	H 8	**Cavalière des Poteaux** Al.	16
E	G 9	**Cavalière Fortunée** Al.	16
E	G 8	**Cavalière Saint-Denis** Al.	16
B	D 16	**Cavallotti** Rue	18
C	D 20	**Cavé** Rue	18
S	N 18	**Cavalier de la Salle** Jardin	6
I	E 24	**Cavendish** Rue	19
C-H	E 19	**Cazotte** Rue	18
K	I 7	**Ceinture du Lac Inférieur** Ch.	16
V	P 28	**Ceinture Lac Daumesnil** Rte	12
K	K 6	**Ceinture Lac Supérieur** Chem.	16
N	L 20	**Célestins** Quai des	4
S	O 16	**Cels** Rue	14
S	P 16	**Cels** Imp.	14
N	J 18	**Cendrars** Al. Blaise	1
I-O	I 25	**Cendriers** Rue des	20
T	O 20	**Censier** Rue	5
R	M 13	**Cépré** Rue	15
N	L 22	**Cerisaie** Rue de la	4
F	H 13	**Cerisoles** Rue de	8
A	D 13	**Cernuschi** Rue	17
N	M 22	**César** Rue Jules	12
O	L 25	**Cesselin** Imp.	11
Q	N 9	**Cévennes** Sq. des	15
Q-R	N 9	**Cévennes** Rue des	15
F	G 13	**Cézanne** Rue Paul	8
G	I 18	**Chabanais** Rue	2
U	P 24	**Chablis** Rue de	12
B	E 14	**Chabrier** Sq. Emmanuel	17
R	P 11	**Chabrières** Cité Auguste	15
R	P 11	**Chabrières** Rue Auguste	15
H	G 20	**Chabrol** Cité de	10
H	G 20	**Chabrol** Rue de	10
V	N 29	**Chaffault** Rue du	12
Y	S 21	**Chagall** Al. Marc	13
L	K 10	**Chahu** Rue Claude	16
O	K 24	**Chaillet** Pl. du Père	11
V	P 27	**Chailley** Rue Joseph	12
F	H 12	**Chaillot** Sq. de	16
F	I 12	**Chaillot** Rue de	16
C	C 20	**Chaîne** Rue Emile	18
M	L 16	**Chaise** Rue de la	7
M	L 16	**Chaise-Récamier** Sq.	7
B	C 15	**Chalabre** Imp.	17
I	G 23	**Chalet** Rue du	10
K	K 8	**Chalets** Av. des	16
F	G 10	**Chalgrin** Rue	16
O-U	M 25	**Chaligny** Rue	12
U	N 23	**Chalon** Cour de	12
U	M 23	**Chalon** Rue de	12
U	O 24	**Chambertin** Rue de	12
R	Q 13	**Chambéry** Rue de	15
F	I 13	**Chambiges** Rue	8
K	L 7	**Chamfort** Rue	16
B	B 17	**Champ-à-Loup** Pass. du	18
E	G 4	**Champ-d'Entraînement** Rte	16
T	P 19	**Champ-de-l'Alouette** Rue	13
L	K 13	**Champ-de-Mars** Rue du	7
B	B 18	**Champ-Marie** Pass. du	18
K-L	K 9	**Champagnat** Pl. Père M.	16
U	Q 25	**Champagne** Ter. de	12
P	L 27	**Champagne** Cité	20
T	P 20	**Champagne** R. Philippe de	13
M	K 15	**Champagny** Rue de	7
L	L 12	**Champaubert** Av. de	15
A	E 11	**Champerret** Porte de	17
L	L 12	**Champfleury** Rue	7
M	K 17	**Champion** Sq. H	6
B-C	C 16	**Championnet** Rue	18
C	B 19	**Championnet** Pass.	18
B	C 17	**Championnet** Villa	18
Y	S 20	**Championnière** R. du Dr L.	13
O	J 26	**Champlain** Sq. Samuel de	20
N	M 18	**Champollion** Rue	5
F	H 13	**Champs** Gal. des	8
M	I 14	**Champs-Élysées** Port des	8
F-G	G 12	**Champs-Elysées** Av. des	8
G	H 14	**Chps-Elys.-M. Dassault** Rd-Pt	8
M	L 15	**Chanaleilles** Rue de	7
R	O 10	**Chandon** Imp.	15
K-Q	M 6	**Chanez** Rue	16
K-Q	M 6	**Chanez** Villa	16
V	N 28	**Changarnier** Rue	12

N	K 19	**Change** Pont au	1-4
N	L 19	**Chanoinesse** Rue	4
E	I 8	**Chantemesse** Av.	16
O	L 23	**Chantier** Pass. du	12
N	M 20	**Chantiers** Rue des	5
H	F 19	**Chantilly** Rue de	9
X	R 15	**Chantin** Rue Antoine	14
N	L 20	**Chantres** Rue des	4
J-P	I 28	**Chanute** Pl. Octave	20
T-U	Q 23	**Chanvin** Pass.	13
O	L 24	**Chanzy** Rue	11
C-H	E 19	**Chapelle** Bd de la	10-18
F	F 10	**Chapelle** Av. de la	17
C	E 21	**Chapelle** Cité de la	18
C	C 21	**Chapelle** Hameau de la	18
C	C 21	**Chapelle** Imp. de la	18
C-H	E 21	**Chapelle** Pl. de la	18
C	B 21	**Chapelle** Porte de la	18
C	B 21	**Chapelle** Rue de la	18
S	N 17	**Chaplain** Rue Jules	6
N	I 20	**Chapon** Rue	3
C	E 18	**Chappe** Rue	18
G	F 17	**Chaptal** Rue	9
G	F 17	**Chaptal** Cité	9
Q	O 7	**Chapu** Rue	16
P	K 28	**Chapuis** Rue Auguste	20
Y	S 18	**Charbonnel** Rue	13
C-H	E 20	**Charbonnière** Rue de la	18
R	N 14	**Charbonniers** Pass. des	15
T-U	Q 22	**Charcot** Rue	13
E	F 6	**Charcot** Bd du Cdt	16-17
L	K 10	**Chardin** Rue	16
Q	M 8	**Chardon-Lagache** Rue	16
D	B 24	**Charente** Quai de la	19
U	Q 27	**Charenton** Porte de	12
O-U	L 23	**Charenton** Rue de	12
N	L 21	**Charlemagne** Rue	4
N	K 21	**Charlemagne** Pass.	4
B	B 17	**Charles-Albert** Pass.	18
P	L 28	**Charles-et-Robert** Rue	20
N	L 21	**Charles-V** Rue	4
S	N 14	**Charlet** Rue Nicolas	15
N	I 22	**Charlot** Rue	3
R	P 13	**Charmilles** Villa des	15
U	O 25	**Charolais** Pass. du	12
U	N 24	**Charolais** Rue du	12
O	K 25	**Charonne** Bd de	11-20
O	K 26	**Charonne** Rue de	11
Z	R 23	**Charpentier** Rue Marc-A.	13
A-F	E 10	**Charpentier** Rue Alexandre	17
F	E 10	**Charpentier** Rue Gustave	17
G	G 16	**Charras** Rue	9
O	L 24	**Charrière** Rue	11
F	H 12	**Charron** Rue Pierre	8
R	O 11	**Chartier** Rue Alain	15
N-T	M 19	**Chartière** Imp.	5
C-H	E 20	**Chartres** Rue de	18
S	N 17	**Chartreux** Rue des	6
U	M 23	**Chasles** Rue Michel	12
J	G 29	**Chassagnolle** Villa	20
F-G	G 14	**Chassaigne-Goyon** Pl.	8
L-R	M 13	**Chasseloup-Laubat** Rue	15
A	D 13	**Chasseurs** Av. des	17
N	L 19	**Chat-qui-Pêche** Rue du	5
S	P 15	**Château** Rue du	14
H	G 20	**Château-d'Eau** Rue du	10
T-Y	Q 21	**Château-des-Rentiers** Rue du	13
H	E 22	**Château-Landon** Rue du	10
C	D 19	**Château-Rouge** Pl. du	18
F	G 12	**Chateaubriand** Rue	8
G-H	G 17	**Châteaudun** Rue de	9
N	K 19	**Châtelet** Pl. du	1-4
B	B 16	**Châtelet** Pass.	17
X	S 14	**Châtillon** Porte de	14
X	R 16	**Châtillon** Sq. de	14
X	Q 15	**Châtillon** Rue de	14
C	D 20	**Chatrian Erckmann** Rue	18
G	G 18	**Chauchat** Rue	9
H	E 22	**Chaudron** Rue	10
I	F 23	**Chaufourniers** Rue des	19

D	E 26	**Chaumont** Porte	19
H-I	F 23	**Chaumont** Rue de	19
J	I 28	**Chauré** Rue du Lieutenant	20
J	I 28	**Chauré** Sq.	20
G	G 17	**Chaussée-d'Antin** Rue	9
U-V	O 27	**Chaussin** Pass.	12
H	G 22	**Chausson** Imp.	10
H	H 21	**Chausson** Rue Pierre	10
R	M 12	**Chautard** Rue Paul	15
H	I 20	**Chautemps** Sq. Emile	3
G	H 15	**Chauveau-Lagarde** Rue	8
R-W	Q 12	**Chauvelot** Rue	15
Q	N 9	**Chauvière** Rue Emmanuel	15
P	I 28	**Chavez** Sq. Géo	20
P	I 28	**Chavez** Rue Géo	20
F	F 13	**Chazelles** Rue de	17
D	A 25	**Chemin-de-Fer** Rue du	19
O	J 23	**Chemin-Vert** Pass. du	11
N-O	J 25	**Chemin-Vert** Rue du	11
D	D 27	**Cheminets** Rue des	19
O	M 23	**Chêne Vert** Cour du	12
H	H 20	**Chénier** Rue	2
O	I 27	**Cher** Rue du	20
R	Q 13	**Cherbourg** Rue de	15
S	N 15	**Cherche-Midi** Rue du	15
M-S	L 16	**Cherche-Midi** Rue du	6
Y	R 20	**Chéreau** Rue	13
P	K 28	**Chéret** Sq. Jules	20
R	O 12	**Chérioux** Pl. Adolphe	15
L	K 10	**Chernoviz** Rue	16
G	E 15	**Chéroy** Rue de	17
G	I 17	**Chérubini** Rue	2
N-O	L 23	**Cheval-Blanc** Pass. du	11
T-U-Z	P 22	**Chevaleret** Rue du	13
M	M 17	**Chevalier** Rue Honoré	6
I	H 25	**Chevalier** Pl. Maurice	20
C	D 19	**Chevalier-de-la-Barre** Rue	18
I	H 26	**Chevaliers** Imp. des	20
L	K 14	**Chevert** Rue	7
G	F 17	**Cheverus** Rue de	9
I	H 23	**Chevet** Rue du	11
I	H 25	**Chevreau** Rue Henri	20
O	M 26	**Chevreul** Rue	11
V	N 27	**Chevreuil** Rue Victor	12
S	N 17	**Chevreuse** Rue de	6
Q	O 6	**Cheysson** Villa	16
I-O	H 26	**Chine** Rue de la	20
U	P 24	**Choderlos de Laclos** Rue	13
G	H 17	**Choiseul** Pass.	2
G	H 17	**Choiseul** Rue de	2
Y	Q 20	**Choisy** Av. de	13
Y	R 21	**Choisy** Parc de	13
Y	S 21	**Choisy** Porte de	13
M	L 16	**Chomel** Rue	7
K	K 9	**Chopin** Pl.	16
G-H	F 18	**Choron** Rue	9
U	N 24	**Chrétien-de-Troyes** Rue	12
C	E 19	**Christiani** Rue	18
M	L 18	**Christine** Rue	6
A	D 13	**Chuquet** Rue Nicolas	17
G	I 14	**Churchill** Av. Winston	8
S	N 16	**Cicé** Rue de	6
F	H 11	**Cimarosa** Rue	16
H.C.	R 29	**Cimetière** Chem. du	12
B	B 14	**Cimetière Batignolles** Av.	17
T	M 19	**Cimetière-Saint-Benoît** R.	5
A-F	D 10	**Cino-Del-Duca** Rue	17
S	O 15	**5 Mart. Lycée Buffon** Pl.	14-15
T-Y	Q 20	**Cinq-Diamants** Rue des	13
G	H 14	**Cirque** Rue du	8
M	L 17	**Ciseaux** Rue des	6
N	K 19	**Cité** Rue de la	4
O	L 26	**Cité-Beauharnais** Jardin la	11
D	D 27	**Cité-Rabelais** Pass.	19
X-Y	S 18	**Cité-Universitaire** Rue la	14
O	M 24	**Cîteaux** Rue de	12
L	M 11	**Citerne** Rue Georges	15
Q	O 9	**Citroën** Parc André	15
L-Q	M 9	**Citroën** Quai André	15
I	G 23	**Civiale** Rue	10

Plan		**Rues** / Streets	Ar.
Q	N 6	**Civry** Rue de	16
H	H 18	**Cladel** Rue Léon	2
B	D 15	**Clairaut** Rue	17
N	J 20	**Clairvaux** Rue Bernard-de	3
G	E 16	**Clapeyron** Rue	8
K	J 8	**Claretie** Rue Jules	16
F	H 13	**Claridge** Gal. du	8
S	N 15	**Claudel** Pl. Camille	15
M	M 18	**Claudel** Pl. Paul	6
G	F 18	**Clauzel** Rue	9
I	G 24	**Clavel** Rue	19
Q	P 6	**Clavery** Av. du Général	16
T	N 20	**Clef** Rue de la	5
G	I 14	**Clemenceau** Pl.	8
B	D 18	**Clément** Pl. Jean-Baptiste	18
M	L 17	**Clément** Rue	6
L	K 13	**Cler** Rue	7
I-O	I 25	**Clérambault** R. L.-Nicolas	20
F	H 10	**Clergerie** Rue du Général	16
H	H 20	**Cléry** Rue de 2	
BG	E 16	**Clichy** Pass. de	18
A	B 14	**Clichy** Porte de	17
B-G	D 16	**Clichy** Av. de	17-18
G	E 16	**Clichy** Bd de	18-9
G	E 16	**Clichy** Pl. de	8-17
G	E 16	**Clichy** Rue de	9
C	B 18	**Clignancourt** Porte de	18
C	C 19	**Clignancourt** Sq. de	18
C-H	B 19	**Clignancourt** Rue de	18
T	P 22	**Clisson** Rue	13
T	Q 22	**Clisson** Imp.	13
I-O	I 26	**Cloche** Rue de la	20
N	K 21	**Cloche-Perce** Rue	4
L	L 11	**Clodion** Rue	15
N	L 19	**Cloître-Notre-Dame** Rue	4
N	J 20	**Cloître-Saint-Merri** Rue du	4
B	B 17	**Cloquet** Rue Jules	18
P	K 28	**Clos** Rue du	20
N	M 19	**Clos-Bruneau** Pass.	5
R	O 11	**Clos-Feuquières** Rue du	15
T	M 19	**Clotaire** Rue	5
T	M 19	**Clotilde** Rue	5
D	B 26	**Clôture** Rue de la	19
K-Q	M 8	**Cloué** Rue de l'Amiral	16
R	M 13	**Clouet** Rue	15
T	M 19	**Clovis** Rue	5
B	C 18	**Cloÿs** Imp. des	18
B	C 17	**Cloÿs** Pass. des	18
B-C	C 17	**Cloÿs** Rue des	18
N	L 19	**Cluny** Rue de	5
D	D 26	**Cochet** Pl. du Général	19
N	M 20	**Cochin** Rue	5
L	L 14	**Cochin** Pl. Denys	7
Q-R	O 9	**Cocteau** Sq. Jean	15
C	B 19	**Cocteau** Rue Jean	18
L	K 13	**Codet** Rue Louis	7
M	M 16	**Coëtlogon** Rue	6
N	L 22	**Cœur** Rue Jacques	4
S	Q 16	**Cœur de Vey** Villa	14
L	J 13	**Cognacq-Jay** Rue	7
F	F 12	**Cogniet** Rue Léon	17
Q	O 8	**Cohen** Pl. Albert	15
V	N 28	**Cohl** Sq. Emile	12
K	K 8	**Coin** Rue Robert-Le	16
G	I 18	**Colbert** Rue	2
G-M	I 18	**Colbert** Gal.	2
M	I 17	**Colette** Pl.	1
M-N	J 18	**Coligny** Rue de l'Amiral de	1
F-G	H 13	**Colisée** Rue du	8
K	L 8	**Colledebœuf** Rue André	16
T	O 20	**Collégiale** Rue de la	5
X	R 14	**Collet** Villa	14
B	C 16	**Collette** Rue du Facteur	17
K	J 8	**Collignon** R. du Conseiller	16
G	E 17	**Collin** Pass.	9
Y	Q 22	**Colly** Rue Jean	13
D	D 24	**Colmar** Rue de	19
F	H 12	**Colomb** Rue Christophe	8
N	K 20	**Colombe** Rue de la	4
K	J 8	**Colombie** Pl. de	16
J	H 29	**Colombier** Rue Marie-Anne	20
Y	R 19	**Colonie** Rue de la	13
R	N 13	**Colonna-d'Ornano** R. du Col	15
N	K 19	**Colonne** Rue Edouard	1
G	H 18	**Colonnes** Rue des	2
U	M 27	**Colonnes-du-Trône** Rue	12
U	N 23	**Combattants A.F.N** Pl. des	12
V	P 28	**Combattants-Indochine** Sq.	12
L	J 13	**Combes** Rue du Colonel	7
L	J 13	**Comète** Rue de la	7
M	L 16	**Commaille** Rue de	7
D	A 25	**Commanderie** Bd de la	19
S-X	Q 16	**Commandeur** Rue du	14
R	M 11	**Commerce** Imp. du	15
R	O 11	**Commerce** Pl. du	15
L-R	M 12	**Commerce** Rue du	15
M	L 18	**Commerce St-André** Cr du	6
N	J 20	**Commerce-St-Martin** Pass.	3
N	J 22	**Commines** Rue des	3
G	F 16	**Commun** Pass.	8
L	I 13	**Commun** Pass.	8
O	M 23	**Commun** Pass.	12-8
O	M 23	**Communs** Pass. du	12
I	F 25	**Compans** Rue de	19
H	F 20	**Compiègne** Rue de	10
B	B 17	**Compoint** Rue Angélique	17
B	C 16	**Compoint** Villa	18
B	B 18	**Compoint** Rue Vincent	18
R	N 11	**Comtat Venaissin** Pl. du	15
N	J 20	**Comte** Rue Michel-le	3
S	N 17	**Comte** Rue Auguste	6
L	F 13	**Comtesse de Ségur** Al.	8
M	I 15	**Concorde** Pont de la	1-7
G-M	I 15	**Concorde** Pl. de la	8
M	L 18	**Condé** Rue de	6
O	I 24	**Condillac** Rue	11
H	F 18	**Condorcet** Rue	9
H	F 19	**Condorcet** Cité	9
O	L 27	**Confiance** Imp. de la	20
U	N 25	**Congo** Rue du	12
H.C.	R 29	**Conservation** Car. de la	12
H	G 19	**Conservatoire** Rue du	9
S	P 17	**Considérant** Rue Victor	14
B	E 17	**Constance** Rue	18
D	B 24	**Constant** Rue Benjamin	19
M	J 14	**Constantine** Rue de	7
G	F 15	**Constantinople** Rue de	8
H-N	I 20	**Conté** Rue	3
U	O 26	**Contenot** Sq. Georges	12
M	K 18	**Conti** Imp. de	6
M	K 18	**Conti** Quai de	6
T	N 19	**Contrescarpe** Pl. de la	5
R	N 9	**Convention** Rue de la	15
Y	S 21	**Conventionnel-Chiappe** R. du	13
M	L 17	**Copeau** Pl. Jacques	6
G	F 15	**Copenhague** Rue de	8
F	H 10	**Copernic** Rue	16
F	H 10	**Copernic** Villa	16
R	O 10	**Coppée** Rue François	15
R	N 13	**Copreaux** Rue	15
N	J 22	**Coq** Cour du	11
G	G 17	**Coq** Av. du	9
N	I 18	**Coq-Héron** Rue	1
M-S	M 15	**Coquelin** Av. Constant	7
N	I 18	**Coquillière** Rue	1
U	M 24	**Corbera** Av. de	12
U	O 24	**Corbineau** Rue	12
R	P 13	**Corbon** Rue	15
T	P 19	**Cordelières** Rue des	13
N	I 21	**Corderie** Rue de la	3
I-O	I 26	**Cordon-Boussard** Imp.	20
X	R 16	**Corentin** Rue du Père	14
D	B 25	**Corentin Cariou** Av.	19
U	O 25	**Coriolis** Rue	12
A	D 12	**Cormon** Rue Fernand	17
Q	N 7	**Corneille** Imp.	16

M	M 18	**Corneille** Rue	6
Y	S 18	**Corot** Villa	14
K-Q	M 8	**Corot** Rue	16
I	E 26	**Corrèze** Rue de la	19
N	K 19	**Corse** Quai de la	4
K	J 9	**Cortambert** Rue	16
B-C	D 18	**Cortot** Rue	18
G	F 14	**Corvetto** Rue	8
T	P 19	**Corvisart** Rue	13
A-B	E 14	**Cosnard** Rue Léon	17
N	J 19	**Cossonnerie** Rue de la	1
L	K 10	**Costa-Rica** Pl. de	16
S	O 14	**Cotentin** Rue du	15
E	H 9	**Cothenet** Rue	16
B	C 18	**Cottages** Rue des	18
O	L 24	**Cotte** Rue de	12
C	D 19	**Cottin** Pass.	18
C	C 21	**Cottin** Rue Jean	18
I	F 26	**Cotton** Rue Eugénie	19
S-X	P 17	**Coty** Av. René	14
Y	S 19	**Coubertin** Av. Pierre de	13-14
X	R 17	**Couche** Rue	14
F	H 11	**Coudenhove Kalergi** Pl. R. de	16
S	Q 16	**Couëdic** Rue du	14
X	R 15	**Coulmiers** Rue de	14
P	I 27	**Cour-des-Noues** Rue la	20
P	K 28	**Courat** Rue	20
F	H 10	**Courbet** Rue de l'Amiral	16
F	I 10	**Courbet** Rue Gustave	16
A	D 11	**Courcelles** Porte de	17
F-G	F 12	**Courcelles** Bd de	17-8
A-F	G 14	**Courcelles** Rue de	17
F	F 12	**Courcelles** Rue de	8
M	K 16	**Courier** Imp. Paul-Louis	7
M	K 16	**Courier** Rue Paul-Louis	7
R	O 11	**Cournot** Rue	15
I	H 24	**Couronnes** Rue des	20
N	J 19	**Courtalon** Rue	1
U-V	N 28	**Courteline** Av.	12
O	K 25	**Courtois** Pass.	11
M	J 15	**Courty** Rue de	7
N	L 21	**Cousin** Rue Jules	4
N	M 18	**Cousin** Rue Victor	5
G	E 17	**Coustou** Rue	18
B-C	D 18	**Couté** Rue Gaston	18
N	K 20	**Coutellerie** Rue de la	4
N	J 21	**Coutures-Saint-Gervais** R.	3
O	K 24	**Couvent** Cité du	11
T	P 20	**Coypel** Rue	13
B	C 17	**Coysevox** Rue	18
V	O 28	**Crampel** Rue Paul	12
M	L 18	**Crébillon** Rue	6
A	D 13	**Crèche** Rue de la	17
Y	S 19	**Crédit-Lyonnais** Imp. du	13
N-T	M 22	**Crémieux** Rue	12
I-O	I 24	**Crespin-du-Gast** Rue	11
S	P 16	**Cresson** Rue Ernest	14
G-H	E 18	**Cretet** Rue	9
E-F	H 9	**Crevaux** Rue	16
N	M 22	**Crillon** Rue	4
D	C 23	**Crimée** Pass. de	19
D-I	C 23	**Crimée** Rue de	19
O	L 27	**Crins** Imp. des	20
S	P 15	**Crocé-Spinelli** Rue	14
S	N 15	**Croisic** Sq. du	15
H	H 19	**Croissant** Rue du	2
C	B 19	**Croisset** Rue Francis-de	18
M	I 18	**Croix des Pts Champs** R. de la	1
K	I 6	**Croix-Catelan** Chem. la	16
O	K 25	**Croix-Faubin** Rue de la	11
Z	R 24	**Croix-Jarry** Rue de la	13
C	B 22	**Croix-Moreau** Rue de la	18
R	M 12	**Croix-Nivert** Villa	15
R	M 12	**Croix-Nivert** Rue de la	15
V	Q 27	**Croix-Rouge** Rte de la	12
M	L 17	**Croix-Rouge** Car. de la	6
P	K 28	**Croix-Saint-Simon** R. de la	20
I	F 25	**Cronstadt** Villa de	19
R	P 12	**Cronstadt** Rue de	15
J	G 28	**Cros** Rue Charles	20

T	P 20	**Croulebarbe** Rue de	13
O-U	L 24	**Crozatier** Rue	12
O-U	M 24	**Crozatier** Imp.	12
N	I 22	**Crussol** Cité de	11
N	I 23	**Crussol** Rue de	11
K	K 8	**Cruz** Villa Oswaldo	16
K	K 8	**Cruz** Rue Oswaldo	16
C	C 22	**Cugnot** Rue	18
N-T	M 18	**Cujas** Rue	5
N	I 20	**Cunin-Gridaine** Rue	3
C	C 21	**Curé** Imp. du	18
K-Q	L 7	**Cure** Rue de la	16
D	C 23	**Curial** Rue	19
D-C	C 22	**Curial** Villa	19
T	O 21	**Curie** Sq. Marie	13
T	N 18	**Curie** Rue Pierre-et-Marie	5
A	D 11	**Curnonsky** Rue	17
C	D 19	**Custine** Rue	18
T	M 21	**Cuvier** Rue	5
N	J 19	**Cygne** Rue du	1
L	K 10	**Cygnes** Al. des	15
C	C 18	**Cyrano-de-Bergerac** Rue	18
		D	
B	D 18	**Dac** Rue Pierre	18
U	N 27	**Dagorno** Rue	12
P	K 27	**Dagorno** Pass.	20
S	P 16	**Daguerre** Rue	14
O	L 24	**Dahomey** Rue du	11
G	I 17	**Dalayrac** Rue	2
B	D 18	**Dalida** Pl.	18
O	K 23	**Dallery** Pass. Charles	11
Y-Z	S 22	**Dalloz** Rue	13
S	N 14	**Dalou** Rue	15
S	O 14	**Dalpayrat** Sq. Pierre-Adrien	15
K	J 6	**Dames** Al. des	16
B-G	E 14	**Dames** Rue des	17
Y	R 20	**Damesme** Rue	13
Y	S 20	**Damesme** Imp.	13
H	I 19	**Damiette** Rue de	2
N-O	L 22	**Damoye** Cour	11
D	C 24	**Dampierre** Rue	19
D	C 25	**Dampierre-Rouvet** Sq.	19
B	B 18	**Damrémont** Rue	18
B	C 18	**Damrémont** Villa	18
H-G	E 18	**Dancourt** Rue	18
H-G	E 18	**Dancourt** Villa	18
K	L 8	**Dangeau** Rue	16
D-I	D 25	**Danjon** Rue André	19
N	L 19	**Dante** Rue	5
N	L 18	**Danton** Rue	6
R	P 12	**Dantzig** Pass. de	15
R	P 12	**Dantzig** Rue de	15
I	F 26	**Danube** Villa du	19
I	F 25	**Danube** Rue hameau du	19
S	P 16	**Danville** Rue	14
G	F 15	**Dany** Imp.	8
C	B 22	**Darboux** Rue Gaston	18
I	H 23	**Darboy** Rue	11
G	E 16	**Darcet** Rue	17
J	H 28	**Darcy** Rue	20
F	F 10	**Dardanelles** Rue des	17
S	Q 17	**Dareau** Rue	14
S	Q 17	**Dareau** Pass.	14
Z	S 23	**Darmesteter** Rue	13
F	F 13	**Daru** Rue	8
B	D 18	**Darwin** Rue	18
T	N 20	**Daubenton** Rue	5
A-F	E 13	**Daubigny** Rue	17
X	R 16	**Daudet** Rue Alphonse	14
R	M 13	**Daudin** Rue Jean	15
O-U-V	M 22	**Daumesnil** Av.	12
U-V	O 27	**Daumesnil** Villa	12
Q	O 7	**Daumier** Rue	16
O	K 25	**Daunay** Imp.	11
B	C 16	**Daunay** Pass.	18
G	H 17	**Daunou** Rue	2
N	K 18	**Dauphine** Pl.	1
E	H 8	**Dauphine** Porte	16

Plan		Rues / Streets	Ar.
M	K 18	**Dauphine** Rue	6
K-M	K 8	**Dauphine** Pass.	6
B	D 16	**Dautancourt** Rue	17
S	N 15	**Dautry** Pl. Raoul	15
N-O	K 22	**Daval** Rue	11
J	G 29	**David** Rue Jules	20
K	L 9	**David** Rue Félicien	16
I	E 25	**David-d'Angers** Rue	19
Y	Q 19	**Daviel** Rue	13
Y	R 19	**Daviel** Villa	13
K	K 8	**Davioud** Rue	16
P	I 28	**Davout** Bd	20
B	C 16	**Davy** Rue	17
X	R 16	**Davy Marié** Rue	14
B-C	A 18	**Dax** R. du Lieutenant Col	18
T	N 22	**De Gaulle** Pt Ch.	12-13
F	G 11	**De Gaulle** Pl. Charles	8
F	F 10	**Débarcadère** Rue du	17
N	J 21	**Debelleyme** Rue	3
V	N 27	**Debergue** Cité	12
I	F 26	**Debidour** Av.	19
O	K 24	**Debille** Cour	11
L	J 12	**Debilly** Pass.	16-7
L	I 12	**Debrousse** Rue	16
P	J 28	**Debrousse** Jardin	20
E	I 8	**Debussy** Jardin Claude	16
B-G	E 14	**Debussy** Sq. Claude	17
A-F	E 11	**Debussy** Rue Claude	17
U-V	O 26	**Decaen** Rue Claude	12
K-L	I 10	**Decamps** Rue	16
N	J 19	**Déchargeurs** Rue des	1
R	O 11	**Deck** Rue Théodore	15
R	O 11	**Deck** Rue Théodore Prol.	15
R	O 11	**Deck** Villa Théodore	15
S	P 14	**Decrès** Rue	14
B	E 16	**Défense** Imp. de la	18
K	M 8	**Degas** Rue	16
H	H 20	**Degrés** Rue des	2
I	H 23	**Deguerry** Rue	11
D	D 23	**Dehaynin** Rue Euryale	19
K	J 8	**Dehodencq** Sq. Alfred	16
K	J 8	**Dehodencq** Rue Alfred	16
C	D 20	**Dejean** Rue	18
J	I 28	**Dejeante** Rue Victor	20
P	K 28	**Déjerine** Rue des Docteurs	20
K	I 9	**Delacroix** Rue Eugène	16
R	P 10	**Delagrange** Rue Léon	15
I	I 25	**Delaitre** Rue	20
F	E 10	**Delaizement** Rue	17
S	N 16	**Delambre** Rue	14
S	O 16	**Delambre** Sq.	14
H	F 20	**Delanos** Pass.	10
P	M 29	**Delaporte** Rue Louis	20
K	J 9	**Delaroche** Rue Paul	16
O	K 25	**Delaunay** Imp.	11
O	K 26	**Delaunay** R. Robert Sonia	11
M	L 18	**Delavigne** Rue Casimir	6
Q	O 8	**Delbarre** Rue du Prof. F.	15
S	Q 15	**Delbet** Rue	14
G	G 14	**Delcassé** Av.	8
R	M 11	**Delecourt** Av.	15
O	L 23	**Delépine** Cour	11
O	L 25	**Delépine** Imp.	11
O	L 24	**Delescluze** Rue Charles	11
H	F 22	**Delessert** Pass.	10
L	J 10	**Delessert** Bd	16
D	D 25	**Delesseux** Rue	19
Q	N 6	**Delestraint** Rue du Général	16
I-O	I 25	**Delgrès** Rue Louis	20
R	O 12	**Delhomme** Rue Léon	15
F-L	I 10	**Delibes** Rue Léo	16
B	B 15	**Deligny** Imp.	17
R	P 11	**Delmet** Rue Paul	15
Y	S 21	**Deloder** Villa	13
A	D 12	**Delorme** Rue Philibert	17
S	P 17	**Delormel** Sq. Henri	14
I	G 25	**Delouvain** Rue	19
H	E 19	**Delta** Rue du	9
H	F 21	**Demarquay** Rue	10
F	E 12	**Demours** Rue Pierre	17
H	F 20	**Denain** Bd de	10
L	L 11	**Denain** Al. du Général	15
S	O 17	**Denfert-Rochereau** Av.	14
S	P 17	**Denfert-Rochereau** Pl.	14
S	O 18	**Denis** Pl. Ernest	6
U	N 24	**Denis** Rue Maurice	12
I	H 24	**Dénoyez** Rue	20
A	D 14	**Déodat-de-Séverac** Rue	17
B	D 17	**Depaquit** Pass.	18
S	P 16	**Deparcieux** Rue	14
S	N 15	**Départ** Rue du	14-15
C-H	D 21	**Département** Rue du	18-19
Q	O 6	**Deport** Rue du Lt Colonel	16
V	O 28	**Derain** Rue André	12
B	C 16	**Deraismes** Rue Maria	17
B	D 17	**Dereure** Rue Simon	18
L	L 12	**Dèroulède** Av. Paul	15
L	L 12	**Derry** Rue de l'Abbé Roger	15
L	L 11	**Desaix** Rue	15
L	L 11	**Desaix** Sq.	15
I	H 23	**Desargues** Rue	11
K-Q	M 7	**Désaugiers** Rue	16
Z	S 24	**Desault** Rue Pierre-Joseph	13
K	J 9	**Desbordes-Valmore** Rue	16
T	M 19	**Descartes** Rue	5
X	T 17	**Descaves** Av. Lucien	14
L	J 11	**Deschanel** Al. Paul	7
L	K 12	**Deschanel** Av. Emile	7
A-F	E 11	**Descombes** Rue	17
U	O 25	**Descos** Rue	12
L	J 14	**Desgenettes** Rue	7
S	M 16	**Desgoffe** Rue Blaise	6
D	C 23	**Desgrais** Pass.	19
U	O 24	**Desgrange** Rue Henri	12
X	Q 14	**Deshayes** Villa	14
H	G 20	**Désir** Pass. du	10
O	I 26	**Désirée** Rue	20
T	P 19	**Deslandres** Rue Emile	13
O	K 24	**Desmoulin** Rue Camille	11
Q	Q 7	**Desmoulin** Rue Camille	15
H	F 22	**Desnos** Pl. Robert	10
R	P 10	**Desnouettes** Rue	15
R	P 10	**Desnouettes** Sq.	15
R	P 11	**Desnouettes-Clos F.** Sq.	15
T	N 20	**Desplas** Rue Georges	5
Q	N 7	**Despréaux** Av.	16
S	P 14	**Desprez** Rue	14
Z	Q 23	**Dessous-des-Berges** Rue	13
A	D 11	**Destreicher** Rue Jean	17
I	F 27	**Desvaux** Rue Emile	19
F	E 13	**Detaille** Rue Edouard	17
L	L 12	**Détrie** Av. du Général	7
Q	O 6	**Deubel** Pl. Léon	16
X	S 17	**Deutsch de la Meurthe** R. E.	14
B	E 16	**Deux Néthes** Imp. des	18
P	K 28	**Deux Portes** Pass. des	20
H	G 18	**Deux Sœurs** Pass. des	9
M	K 17	**Deux-Anges** Imp. des	6
Y	Q 21	**Deux-Avenues** Rue des	13
N	K 19	**Deux-Boules** Rue des	1
A	E 11	**Deux-Cousins** Imp. des	17
M-N	J 18	**Deux-Ecus** Pl. des	1
H	F 20	**Deux-Gares** Rue des	10
G-M	I 18	**Deux-Pavillons** Pass.	1
N	L 20	**Deux-Ponts** Rue des	4
S	O 15	**Deuxième D. B.** Al. de la	15
I	H 27	**Devéria** Rue	20
M	L 16	**Deville** Pl. Alphonse	6
U	M 26	**Dewet** Rue Christian	12
I	H 25	**Dhuit** Al. du Père-Julien	20
I	H 25	**Dhuit** Rue du Père-Julien	20
J	H 29	**Dhuys** Av. de la	20
J	H 27	**Dhuys** Rue de la	20
G	G 17	**Diaghilev** Pl.	9
D	D 25	**Diapason** Sq.	19
B-C	C 18	**Diard** Rue	18

Q	M 8	**Diaz** Rue Narcisse	16
L	K 10	**Dickens** Sq. Charles	16
L	K 10	**Dickens** Rue Charles	16
G	E 15	**Didelot** Pass. Geffroy	17
O-U	M 26	**Diderot** Bd	12
U	N 23	**Diderot** Cour	12
S-X	P 15	**Didot** Rue	14
W-X	R 14	**Didot** Porte de	14
W	Q 12	**Dierx** Rue Léon	15
Q	O 6	**Dietz-Monnin** Villa	16
H	H 22	**Dieu** Rue	10
P	K 27	**Dieu** Pass.	20
Y	S 22	**Dieudonné Costes** Rue	13
Y	R 20	**Dieulafoy** Rue	13
U	P 25	**Dijon** Rue de	12
C	C 19	**Dijon** Rue Joseph	18
B	B 17	**Dimey** Rue Bernard	18
Y	R 22	**Disque** Rue du	13
S	P 16	**Divry** Rue Charles	14
S	N 16	**Dix-Huit-Juin-1940** Pl. du	6
F	E 10	**Dixmude** Bd de	17
F	E 10	**Dobropol** Rue	17
M	J 18	**Dodat** Gal. Véro	1
V	P 28	**Dodds** Av. du Général	12
Q	P 6	**Dode-de-Brunerie** Av.	16
H	G 22	**Dodu** Rue Juliette	10
F	F 11	**Doisy** Pass.	17
S	P 18	**Dolent** Rue Jean	14
I	I 24	**Dolet** Rue Etienne	20
B	B 17	**Dollfus** Rue Jean	18
T	N 20	**Dolomieu** Rue	5
H.C.	Q 28	**Dom Perignon** Rte	12
N	L 19	**Domat** Rue	5
R	P 12	**Dombasle** Rue	15
R	P 12	**Dombasle** Imp.	15
R	P 12	**Dombasle** Pass.	15
F	H 11	**Dôme** Rue du	16
Y	S 20	**Domine** Rue du Colonel	13
U	Q 22	**Domrémy** Rue de	13
K	M 7	**Donizetti** Rue	16
E	I 8	**Doornik** Jardin Jan	16
R	N 12	**Dorchain** Rue Auguste	15
A	D 12	**Dordogne** Sq. de la	17
A	D 12	**Doré** Rue Gustave	17
V	P 28	**Dorée** Porte	12
D	D 26	**Dorées** Sente des	19
Q	O 6	**Doret** Av. Marcel	16
B	D 18	**Dorgelès** Car. Roland	18
O-U	M 26	**Dorian** Rue.	12
O-U	M 26	**Dorian** Av.	12
C	D 21	**Dormoy** Rue Marx	18
F	H 10	**Dosne** Rue	16
G	E 16	**Douai** Rue de	9
A	C 13	**Douaumont** Bd de	17
N	L 19	**Double** Pont au	4-5
C	D 19	**Doudeauville** Rue	18
K-L	J 10	**Doumer** Av. Paul	16
M	L 17	**Dragon** Rue du	6
I-O	I 24	**Dranem** Rue	11
F	F 9	**Dreux** Rue de	17
B	E 18	**Drevet** Rue	18
Y	R 18	**Dreyer** Sq. André	13
O	M 24	**Driancourt** Pass.	12
M	I 18	**Driant** Rue du Colonel	1
S	O 15	**Dronne** Al. du Capitaine	15
G-H	G 18	**Drouot** Rue	9
G	E 15	**Droux** Rue Léon	17
O	M 24	**Druinot** Imp.	12
H	G 21	**Dubail** Pass.	10
K	L 8	**Dubail** Av. du Général	16
K	K 9	**Duban** Rue	16
G	F 16	**Dublin** Pl. de	8
M	L 18	**Dubois** Rue Antoine	6
S	Q 17	**Dubois** Rue Emile	14
C	E 18	**Dubois** Rue du Cardinal	18
D	E 24	**Dubois** Pass.	19
V	P 28	**Dubois** Rue Marcel	12
I	E 24	**Dubois** Rue André	19
N	I 21	**Dubois** Rue Paul	3
J	G 28	**Dubouillon** Rue Henri	20
O-P	J 27	**Dubourg** Cité	20
U	O 25	**Dubrunfaut** Rue	12
U	P 25	**Dubuffet** Pass.	12
C	C 18	**Duc** Rue	18
Y	R 22	**Duchamp** Rue Marcel	13
U	P 23	**Duchefdelaville** Rue	13
U	Q 22	**Duchefdelaville** Imp.	13
L-R	M 11	**Duchène** Rue Henri	15
R	N 13	**Duclaux** Rue Emile	15
O	J 24	**Dudouy** Pass.	11
I	H 26	**Duée** Rue de la	20
I	H 26	**Duée** Pass. de la	20
E-K	I 8	**Dufrenoy** Rue	16
Q	O 7	**Dufresne** Villa	16
I-O	I 25	**Dufy** Rue Raoul	20
U	O 25	**Dugommier** Rue	12
S	M 17	**Duguay Trouin** Rue	6
U	Q 24	**Duhamel** Jardin Georges	13
B-C	B 19	**Duhesme** Rue	18
C	B 19	**Duhesme** Pass.	18
U	O 26	**Dukas** Rue Paul	12
S	N 14	**Dulac** Rue	15
J-P	I 28	**Dulaure** Rue	20
G-H	E 18	**Dullin** Pl. Charles	18
B-G	D 14	**Dulong** Rue	17
O	L 25	**Dumas** Rue passage	11
O	K 27	**Dumas** Rue Alexandre	11-20
F	E 11	**Dumas** Rue Jean-Baptiste	17
I	G 25	**Dumay** Rue Jean-Baptiste	20
T	O 20	**Duméril** Rue	13
L	L 11	**Dumézil** Rue Georges	15
I-J	H 27	**Dumien** Rue Jules	20
S-X	Q 16	**Dumoncel** Rue Rémy	14
F	H 11	**Dumont d'Urville** Rue	16
Y	S 22	**Dunand** Rue Jean	13
S	Q 16	**Dunand** Sq. de l'Aspirant	14
F	H 12	**Dunant** Pl. Henry	8
I	G 24	**Dunes** Rue des	19
H	E 19	**Dunkerque** Rue de	10-9
T	P 22	**Dunois** Rue	13
T	P 22	**Dunois** Sq.	13
B	E 14	**Duparc** Sq. Henri	17
G	E 17	**Duperré** Rue	9
N	I 21	**Dupetit Thouars** Rue	3
H-N	I 21	**Dupetit Thouars** Cité	3
G	H 16	**Duphot** Rue	1-8
M	M 16	**Dupin** Rue	6
F	G 10	**Duplan** Cité	16
L	L 12	**Dupleix** Rue	15
L	L 12	**Dupleix** Pl.	15
C	D 20	**Duployé** Rue Emile	18
O	J 24	**Dupont** Cité	11
E-F	G 10	**Dupont** Villa	16
H	F 22	**Dupont** Rue Pierre	10
I	H 27	**Dupont-de-l'Eure** Rue	20
L	J 12	**Dupont-des-Loges** Rue	7
R	Q 12	**Dupré** Rue Jules	15
N	I 21	**Dupuis** Rue	3
C	D 21	**Dupuy** Imp.	18
K	M 8	**Dupuy** Rue Paul	16
Y-Z	S 23	**Dupuy-de-Lôme** Rue	13
M	L 18	**Dupuytren** Rue	6
L-M	L 13	**Duquesne** Av.	7
U	O 26	**Durance** Rue de la	12
R-W	Q 13	**Durand Clayes** Rue	14
O	J 24	**Duranti** Rue	11
B	D 17	**Durantin** Rue	18
R	O 10	**Duranton** Rue	15
R	O 10	**Duranton** Jardin	15
G	H 15	**Duras** Rue de	8
B	B 17	**Durel** Cité	18
F	G 10	**Duret** Rue	16
O	I 25	**Duris** Rue	20
O	I 25	**Duris** Pass.	20
U	P 24	**Durkheim** Rue Emile	13
I-O	I 24	**Durmar** Cité	11
M-S	M 14	**Duroc** Rue	7
S	P 16	**Durouchoux** Rue	14
R	O 12	**Duruy** Rue Victor	15
J	G 27	**Dury-Vasselon** Villa	20

Plan		Rues / Streets	Ar.
L	M 11	**Dussane** Rue Béatrix	15
H	I 19	**Dussoubs** Rue	2
X	Q 15	**Duthy** Villa	14
R	O 14	**Dutot** Rue	15
G-M	I 14	**Dutuit** Av.	8
N	K 21	**Duval** Rue Ferdinand	4
D	D 23	**Duvergier** Rue	19
P	J 29	**Duvernois** Rue Henri	20
L	K 13	**Duvivier** Rue	7

E

Plan		Rues / Streets	Ar.
T-Y	Q 21	**Eastman** Rue George	13
L	K 10	**Eaux** Pass. des	16
L	K 10	**Eaux** Rue des	16
N-O	J 23	**Eaux-Vives** Pass. des	11
U	N 25	**Ebelmen** Rue	12
M	M 14	**Eblé** Rue	7
U	N 25	**Eboué** Rue Eugénie	12
U	O 26	**Eboué** Pl. Félix	12
M	L 17	**Echaudé** Rue de l'	6
M	I 17	**Echelle** Rue de l'	1
H	H 19	**Echiquier** Rue de l'	10
H	F 22	**Ecluses-Saint-Martin** Rue	10
G-H	F 18	**Ecole** Imp. de l'	9
M-N	L 18	**Ecole de Médecine** Rue de l'	6
L	L 13	**Ecole Militaire** Pl. de l'	7
M-N	K 18	**Ecole** Pl. de l'	1
N-T	M 19	**Ecole Polytechnique** R. de l'	5
I-O	I 26	**Ecoles** Cité des	20
N	M 18	**Ecoles** Rue des	5
R	N 11	**Ecoliers** Pass. des	15
I-N	M 19	**Ecosse** Rue d'	5
N	K 21	**Ecouffes** Rue des	4
K	J 7	**Ecriv. Com. Morts France** Sq.	16
P	L 28	**Ecuyers** Sentier des	20
G	F 15	**Edimbourg** Rue d'	8
T-Y	Q 21	**Edison** Av.	13
G	H 16	**Edouard VII** Sq.	9
G	H 16	**Edouard-VII** Rue	9
G	H 16	**Edouard-VII** Pl.	9
I	F 26	**Egalité** Rue de l'	19
N	L 21	**Eginhard** Rue	4
R	N 11	**Eglise** Imp. de l'	15
R	N 10	**Eglise** Rue de l'	15
K-Q	M 7	**Église d'Auteuil** Pl. de l'	16
K	K 7	**Eglise de l'Ass.** Pl. de l'	16
D	C 24	**Eiders** Al. des	19
L	K 11	**Eiffel** Av. Gustave	7
F-G	I 14	**Eisenhower** Av. du Gal	8
U	Q 24	**El Greco** Rue	13
L	L 14	**El-Salvador** Pl.	7
C	D 21	**Eluard** Pl. Paul	18
G	H 15	**Elysée** Rue de l'	8
I	H 25	**Elysée Ménilmontant** R. de l'	20
F	H 13	**Elysées Rond-Point** Gal.	8
F	H 13	**Elysées-26** Gal.	8
F	H 13	**Elysées-La-Boétie** Gal.	8
N	K 21	**Elzévir** Rue	3
D	D 24	**Emélie** Rue	19
L	L 10	**Emeriau** Rue	15
I	H 26	**Emmery** Rue	20
I	F 25	**Encheval** Rue de l'	19
S	N 14	**Enfant-Jésus** Imp. de l'	15
P	I 28	**Enfantin** R. du Père Prosper	20
S	O 17	**Enfer** Pass. d'	14
Y	S 21	**Enfert-Paulin** Rue	13
H	H 19	**Enghien** Rue d'	10
R	N 11	**Entrepreneurs** Pass. des	15
R	M 10	**Entrepreneurs** Villa des	15
R	M 10	**Entrepreneurs** Rue des	15
I	H 25	**Envierges** Rue des	20
S-T	N 18	**Epée** Rue de l'Abbé-de-l'	5
T	N 19	**Epée-de-Bois** Rue de l'	5
M	L 18	**Eperon** Rue de l'	6
S	N 16	**Epinettes** Pass. des	14
B	B 16	**Epinettes** Imp. des	17
B	C 15	**Epinettes** Pass. des	17
B	C 16	**Epinettes** Sq. des	17
B	B 16	**Epinettes** Rue des	17
I	G 24	**Equerre** Rue de l'	19
E	F 6	**Erables** Rte des	16
U	M 25	**Erard** Rue	12
U	M 24	**Erard** Imp.	12
T	N 19	**Erasme** Rue	5
K-Q	M 7	**Erlanger** Rue	16
K-Q	M 7	**Erlanger** Av.	16
Q	M 7	**Erlanger** Villa	16
K-Q	N 7	**Ermitage** Av. de l'	16
I	H 26	**Ermitage** Cité de l'	20
I	H 26	**Ermitage** Villa de l'	20
I	H 26	**Ermitage** Rue de l'	20
C-H	E 20	**Ermite** Rue Pierre l'	18
C	D 20	**Ernestine** Rue	18
I-O	I 25	**Ernst** Rue Max	20
T-U	Q 23	**Esc.-Normandie-Niemen** Pl. l'	13
D	C 23	**Escaut** Rue de l'	19
C	B 18	**Esclangon** Rue	18
Z	R 26	**Escoffier** Rue de	12
G	F 17	**Escudier** Rue Paul	9
M	J 14	**Esnault Pelterie** R. Robert	7
Y	R 19	**Espérance** Rue de l'	13
M	M 14	**Esquerré** Rue Abbé	7
T	P 21	**Esquirol** Rue	13
T	O 21	**Essai** Rue de l'	5
I	H 26	**Est** Rue de l'	20
F	I 11	**Estaing** Rue de l'Amiral d'	16
Y	S 22	**Este** Villa d'	13
P	M 29	**Esterel** Sq. de l'	20
R	N 10	**Estienne** Rue du Général	15
F	H 13	**Estienne** Rue Robert	8
G	G 17	**Estienne-d'Orves** Pl. d'	9
K	M 7	**Estrade** Cité Florentine	16
T	N 19	**Estrapade** Pl. de l'	5
T	N 19	**Estrapade** Rue de l'	5
I	G 24	**Estrées** Al. Gabriel d'	19
L-M	L 13	**Estrées** Rue d'	7
F	H 11	**Etats-Unis** Pl. des	16
B	C 16	**Etex** Rue	18
B	C 16	**Etex** Villa	18
N	I 18	**Etienne** Rue Marcel	1-2
U	Q 25	**Etlin** Rue	12
E	G 6	**Etoile** Rte de l'	16
F	F 11	**Etoile** Rue de l'	17
F	H 11	**Etoile Souterrain** Rue de l'	8
O	L 23	**Etoile-d'Or** Cour de l'	11
F	H 12	**Euler** Rue	8
I	H 25	**Eupatoria** Rue d'	20
S	P 15	**Eure** Rue de l'	14
Q	N 5	**Europe** Pl. de l'	16
G-Q	F 16	**Europe** Pl. de l'	8
C	B 23	**Evangile** Rue de l'	18
P	I 27	**Eveillard** Imp.	20
D	D 24	**Evette** Rue	19
Q	M 6	**Exelmans** Bd	16
Q	N 7	**Exelmans** Hameau	16
L	K 13	**Exposition** Rue de l'	7
L	I 10	**Eylau** Av. d'	16
F	H 11	**Eylau** Villa d'	16

F

Plan		Rues / Streets	Ar.
L-M	J 14	**Fabert** Rue	7
H	F 22	**Fabien** Pl. du Col	10-19
R	O 12	**Fabre** Rue Ferdinand	15
C	A 17	**Fabre** Rue Jean-Henri	18
U	M 26	**Fabre d'Eglantine** Rue	12
I-O	I 23	**Fabriques** Cour des	11
T	P 20	**Fagon** Rue	13
X	S 17	**Faguet** Rue Emile	14
O	L 24	**Faidherbe** Rue	11
E	H 9	**Faisanderie** Rue de la	16
B	B 17	**Falaise** Cité	18
J-P	I 27	**Falaises** Villa des	20
H	F 22	**Falck** Sq. Jean	10
C	D 19	**Falconet** Rue	18

S	N 15	**Falguière** Rue	15
S	O 14	**Falguière** Cité	15
R-S	P 14	**Falguière** Pl.	15
L	M 11	**Fallempin** Rue	15
I	F 25	**Fallières** Villa Armand	19
Q	P 6	**Fanfan-la-Tulipe** Rue	16
Q	O 7	**Fantin-Latour** Rue	16
F	E 11	**Faraday** Rue	17
S	M 15	**Fargue** Pl. Léon-Paul	6-7
Q	P 8	**Farman** Rue Henri	15
Q	N 5	**Farrère** Rue Claude	16
H-I	H 23	**Fbg du Temple** Rue du	10-11
H	G 18	**Fbg Montmartre** Rue du	9
H	E 19	**Fbg Poissonnière** Rue du	10
H	E 21	**Fbg-Saint-Denis** Rue du	10
F-G	F 12	**Fbg-Saint-Honoré** Rue du	8
H	E 22	**Fbg-Saint-Martin** Rue du	10
N	L 22	**Fbg-Saint-Antoine** Rue du	11
S	O 18	**Fbg-St-Jacques** Rue du	14
I	H 25	**Faucheur** Villa	20
I	H 25	**Faucheurs** Villa des	20
N	L 21	**Fauconnier** Rue du	4
Q-R	N 11	**Faure** Av. Félix	15
L	L 11	**Faure** Rue Edgard	15
D	A 24	**Faure** Bd Félix	19
I	F 26	**Faure** Villa Félix	19
B-G	E 14	**Fauré** Sq. Gabriel	17
V	M 29	**Faure** Rue Elie	12
R	O 10	**Faure** Rue Félix	15
Y	R 22	**Fautrier** Rue Jean	13
B	D 16	**Fauvet** Rue	18
G	H 18	**Favart** Rue	2
R	O 13	**Favorites** Rue des	15
E	H 8	**Fayolle** Av. du Maréchal	16
U-V	P 26	**Fécamp** Rue de	12
L	K 11	**Fédération** Rue de la	15
M	L 17	**Félibien** Rue	6
A-B	D 14	**Félicité** Rue de la	17
H	F 20	**Fénelon** Rue	10
H	F 18	**Fénélon** Cité	9
R	O 12	**Fenoux** Rue	15
T	O 20	**Fer-à-Moulin** Rue du	5
J	I 28	**Ferber** Rue du Capitaine	20
F	F 14	**Ferdousi** Av.	8
F	F 11	**Férembach** Cité	17
S	P 16	**Fermat** Rue	14
S	O 16	**Fermat** Pass.	14
I	H 24	**Ferme-de-Savy** Rue de la	20
H	G 20	**Ferme-Saint-Lazare** Cour	10
H	G 20	**Ferme-Saint-Lazare** Pass.	10
M-N	J 18	**Fermes** Cours des	1
A-B	D 14	**Fermiers** Rue des	17
Y	R 21	**Féron Toussaint** Rue	13
M	M 17	**Férou** Rue	6
S	M 16	**Ferrandi** Rue Jean	6
L	K 12	**Ferrié** Av. du Général	7
N	J 19	**Ferronnerie** Rue de la	1
S	Q 18	**Ferrus** Rue	14
H	H 22	**Ferry** Bd Jules	11
H	I 22	**Ferry** Sq. Jules	11
Q	O 6	**Ferry** Rue Abel	16
I	F 24	**Fessart** Rue	19
I	F 26	**Fêtes** Pl. des	19
I	G 26	**Fêtes** Rue des	19
T	N 18	**Feuillantines** Rue des	5
M	I 16	**Feuillants** Ter. des	1
K	J 8	**Feuillet** Rue Octave	16
I	G 23	**Feulard** Rue Henri	10
C	D 19	**Feutrier** Rue	18
B-C	D 18	**Féval** Rue Paul	18
G-H	H 18	**Feydeau** Rue	2
G	H 18	**Feydeau** Gal.	2
H	G 20	**Fidélité** Rue de la	10
N	L 21	**Figuier** Rue du	4
N	J 22	**Filles-du-Calvaire** Bd des	11
N	J 22	**Filles-du-Calvaire** Rue	3
N	J 22	**Filles-du-Calvaire** Bd des	3
G	H 18	**Filles-Saint-Thomas** R. des	2
C	A 22	**Fillettes** Imp. des	18
C	C 21	**Fillettes** Rue des	18
B	D 15	**Fillion** Pl. Charles	17
L-M	J 14	**Finlande** Pl. de	7
L	L 10	**Finlay** Rue du Docteur	15
R	Q 13	**Fizeau** Rue	15
A	D 12	**Flachat** Rue Eugène	17
T-U	O 22	**Flamand** Rue Edmond	13
N	K 19	**Flamel** Rue Nicolas	4
B	B 18	**Flammarion** Rue Camille	18
D	C 24	**Flandre** Av. de	19
D	D 23	**Flandre** Pass. de	19
E-K	H 9	**Flandrin** Bd	16
T	O 19	**Flatters** Rue	5
F	E 12	**Flaubert** Rue Gustave	17
G	G 18	**Fléchier** Rue	9
J	E 27	**Fleming** Rue Alexander	19
L	L 10	**Flers** Rue Robert de	15
B	C 15	**Fleurs** Cité des	17
N	K 20	**Fleurs** Quai aux	4
M-S	M 16	**Fleurus** Rue de	6
H	E 20	**Fleury** Rue	18
J	H 28	**Fleury** Sq. E.	20
R	N 12	**Fleury** Rue Robert	15
C	C 19	**Flocon** Rue Ferdinand	18
L	K 11	**Floquet** Av. Charles	7
K	M 7	**Flore** Villa	16
B	A 15	**Floréal** Rue	17
G	E 16	**Florence** Rue de	8
I	F 25	**Florentine** Cité	19
P	J 27	**Florian** Rue	20
S	Q 14	**Florimont** Imp.	14
B	B 16	**Flourens** Pass.	17
E-F	G 11	**Foch** Av.	16
X	R 16	**Focillon** Rue Adolphe	14
N	K 22	**Foin** Rue du	3
H-O	H 22	**Folie-Méricourt** Rue la	11
O	J 25	**Folie-Regnault** Pass.	11
O	K 25	**Folie-Regnault** Sq.	11
O	J 25	**Folie-Regnault** Rue la	11
H	G 21	**Follereau** Pl. Raoul	10
J	H 28	**Foncin** Rue Pierre	20
J	F 28	**Fonck** Av. René	19
R	M 11	**Fondary** Rue	15
R	M 12	**Fondary** Villa	15
I-O	I 23	**Fonderie** Pass. de la	11
U	O 25	**Fonds-Verts** Rue des	12
G	E 17	**Fontaine** Rue	9
Y	R 20	**Fontaine-à-Mulard** Rue la	13
I	H 22	**Fontaine-au-Roi** Rue la	11
D	D 26	**Fontaine-aux-Lions** Pl.	19
B	C 18	**Fontaine-du-But** Rue de la	18
D-I	E 25	**Fontainebleau** Al. de	19
N	I 21	**Fontaines-du-Temple** Rue	3
F	E 10	**Fontanarosa** Jardin Lucien	17
O-P	K 27	**Fontarabie** Rue de	20
U	N 25	**Fontenay** Pl. Maurice de	12
I	F 26	**Fontenay** Villa de	19
L	L 13	**Fontenoy** Pl. de	7
A	D 12	**Forain** Rue Jean-Louis	17
D	A 26	**Forceval** Rue	19
L	M 10	**Forest** Pl. Fernand	15
G-B	E 16	**Forest** Rue	18
N	J 21	**Forez** Rue du	3
F	G 11	**Forge** Rue Anatole de la	17
O	L 24	**Forge-Royale** Rue de la	11
H	I 19	**Forges** Rue des	2
R	N 12	**Formigé** Rue Jean	15
X	R 16	**Fort** Rue Paul	14
A	B 14	**Fort de Douaumont** Bd du	17
A	C 12	**Fort-de-Vaux** Bd du	17
U-V	Q 27	**Fortifications** Rte des	12
K	J 7	**Fortifications** Al. des	16
F	G 13	**Fortin** Imp.	8
T-Y	Q 21	**Fortin** Rue Nicolas	13
F	E 13	**Fortuny** Rue	17
N	M 20	**Fossés-Saint-Bernard** Rue	5
T	M 18	**Fossés-Saint-Jacques** Rue	5
T	O 20	**Fossés-Saint-Marcel** Rue	5
N	L 19	**Fouarre** Rue du	5
Y	R 20	**Foubert** Pass.	13
V	P 28	**Foucauld** Av. Charles de	12

Plan		**Rues** / Streets	Ar.
L	J 11	**Foucault** Rue	16
J	G 28	**Fougères** Rue des	20
Y	S 21	**Fouillée** Rue Alfred	13
Z	Q 24	**Foujita** Rue Léonard	13
M	L 17	**Four** Rue du	6
R	O 12	**Fourcade** Rue	15
L	L 11	**Fourcade** Pl. M.-Mad.	15
F	F 12	**Fourcroy** Rue	17
N	K 21	**Fourcy** Rue de	4
V	M 28	**Foureau** Rue Fernand	12
Y	R 20	**Fourier** Rue Charles	13
B	D 15	**Fourneyron** Rue	17
H	H 22	**Fournier** Pl. du Dr Alfred	10
W	Q 13	**Fournier** Sq. Alain	14
K	J 8	**Fournier** Rue Edouard	16
B-C	B 18	**Fournière** Rue Eugène	18
I	F 23	**Fours-à-Chaux** Pass. des	19
G	F 15	**Foy** Rue du Général	8
C	E 18	**Foyatier** Rue	18
B	C 14	**Fragonard** Rue	17
Z	S 23	**Franc-Nohain** Rue	13
N	I 19	**Française** Rue	1-2
U	P 25	**France** Ter. de	12
U-Z	P 23	**France** Av. de	13
L	K 12	**France** Av. Anatole	7
M	J 15	**France** Quai Anatole	7
N	I 21	**Franche-Comté** Rue de	3
O	L 24	**Franchemont** Imp.	11
K	K 7	**Franchet d'Espérey** Av. du Mal	16
R	M 13	**Franck** Rue César	15
L	J 12	**Franco-Russe** Av.	7
B-C	C 17	**Francœur** Rue	18
F-L	H 12	**François Premier** Rue	8
F	I 13	**François Premier** Pl.	8
N	J 21	**Francs-Bourgeois** Rue des	3-4
L	J 10	**Franklin** Rue Benjamin	16
R	P 13	**Franquet** Rue	15
K	J 8	**Franqueville** Rue de	16
J	G 28	**Frapié** Rue Léon	20
I	E 26	**Fraternité** Rue de la	19
L-R	M 12	**Frémicourt** Rue	15
L	K 10	**Frémiet** Av.	16
U	N 23	**Frenay** Pl. Henri	12
P	K 27	**Fréquel** Pass.	20
Y	R 21	**Fr. d'Astier de la Vigerie** R. d.	13
J	G 29	**Frères Flavien** Rue des	20
R	N 11	**Frères Morane** Rue des	15
L	I 12	**Frères Périer** Rue des	16
Q	Q 8	**Frères Voisin** Al. des	15
Q	Q 8	**Frères Voisin** Bd des	15
L	I 12	**Fresnel** Rue	16
I-J	E 27	**Freud** Rue Sigmund	19
F-L	I 11	**Freycinet** Rue	16
X	R 16	**Friant** Rue	14
I	H 26	**Friedel** Rue Charles	20
F	G 12	**Friedland** Av. de	8
G	E 18	**Frochot** Rue	9
G	E 18	**Frochot** Av.	9
S	O 16	**Froidevaux** Rue	14
N	J 22	**Froissart** Rue	3
O	K 23	**Froment** Rue	11
B	C 17	**Froment** Pl. Jacques	18
G	E 17	**Fromentin** Rue	9
O	K 24	**Frot** Rue Léon	11
B	A 16	**Fructidor** Rue	17
T-U	O 23	**Fulton** Rue	13
M	K 17	**Fürstenberg de** Rue	6
S	Q 15	**Furtado-Heine** Rue	14
S	O 18	**Fustel-de-Coulanges** Rue	5

G

Plan		**Rues** / Streets	Ar.
V	M 28	**Gabon** Rue du	12
S	N 15	**Gabriel** Villa	15
G	I 14	**Gabriel** Av.	8
B-C	E 18	**Gabrielle** Rue	18
R	O 13	**Gager-Gabillot** Rue	15
J	G 27	**Gagliardini** Villa	20

Plan		**Rues** / Streets	Ar.
E	H 8	**Gaillard** Pass. Souterrain	16
G	H 17	**Gaillon** Rue	2
G	H 17	**Gaillon** Pl.	2
S	O 16	**Gaîté** Imp. de la	14
S	O 15	**Gaîté** Rue de la	14
N	L 19	**Galande** Rue	5
F	H 12	**Galilée** Rue	16-8
R	Q 13	**Galland** Rue Victor	15
P	J 28	**Galleron** Rue	20
Q	Q 7	**Gallieni** Bd	15
Q	O 5	**Gallieni** Rue	16
V	M 29	**Gallieni** Av.	20
M	J 14	**Gallieni** Av. du Maréchal	7
L	I 12	**Galliera** Rue de	16
J	G 29	**Galois** Rue Evariste	20
F	E 11	**Galvani** Rue	17
W	S 13	**Gambetta** Rue	14
J-O	G 28	**Gambetta** Av.	20
I-J	G 27	**Gambetta** Pass.	20
O	I 27	**Gambetta** Pl.	20
N-O	I 23	**Gambey** Rue	11
P	L 28	**Gambon** Rue Ferdinand	20
R-U	P 23	**Gance** Rue Abel	13
E	F 8	**Gandhi** Av. du Mahatma	16
Y	S 21	**Gandon** Rue	13
P	J 28	**Ganne** Rue Louis	20
B	D 16	**Ganneron** Rue	18
B	D 16	**Ganneron** Pass.	18
W	R 12	**Garamond** Rue Claude	15
M	L 17	**Garancière** Rue	6
P	I 28	**Garat** Rue Martin	20
P	M 29	**Garcia** Rue Cristino	20
C	D 20	**Gardes** Rue des	18
U	P 24	**Gare** Port de la	13
Z	R 24	**Gare** Porte de la	13
U	O 23	**Gare** Quai de la	13
H.C.	A 23	**Gare** Rue de la	19
P	L 28	**Gare-de-Charonne** Jardin	20
U	N 26	**Gare-de-Reuilly** Rue	12
S	P 15	**Garenne** Pl. de la	14
R	M 13	**Garibaldi** Bd	15
Q	O 7	**Garigliano** Pont du	15
F-G	F 14	**Garnerin** Al. Jacques	8
S	N 15	**Garnier** Villa	15
G	H 17	**Garnier** Pl. Charles	9
B	B 16	**Garnier** Rue Francis	17
D	D 25	**Garonne** Quai de la	19
B	E 18	**Garreau** Rue	18
J	I 28	**Garros** Sq. Roland	20
P	L 28	**Gascogne** Sq. de la	20
O	I 26	**Gasnier** Rue Guy	20
S	P 16	**Gassendi** Rue	14
U	N 24	**Gatbois** Pass.	12
I-O	I 26	**Gâtines** Rue des	20
O	I 24	**Gaudelet** Villa	11
X	R 17	**Gauguet** Rue	14
A	D 12	**Gauguin** Rue	17
B	D 18	**Gaulard** Rue Lucien	18
P	L 29	**Gaumont** Av. Léon	20
B	C 15	**Gauthey** Rue	17
I	G 24	**Gauthier** Pass.	19
B	D 17	**Gauthier** Rue Armand	18
K	L 9	**Gautier** Av. Théophile	16
K-Q	M 8	**Gautier** Sq. Théophile	16
L	K 10	**Gavarni** Rue	16
N	L 19	**Gay-Francisque** Rue	6
T	M 18	**Gay-Lussac** Rue	5
X-Y	R 18	**Gazan** Rue	14
H	E 19	**Gazotte** Rue	18
T	P 20	**Geffroy** Rue Gustave	13
O	I 24	**Gelez** Rue Victor	11
B	B 17	**Gémier** Rue Firmin	18
I	H 24	**Gènes** Cité de	20
C	C 21	**Genevoix** Rue Maurice	18
O	M 25	**Génie** Pass. du	12
V	P 28	**Gentil** Sq. Louis	12
Y	T 19	**Gentilly** Porte de	13-14
F-L	H 12	**George-V** Av.	8

I	H 26	**Georgina** Villa	20
H	E 19	**Gérando** Rue	9
T-Y	Q 20	**Gérard** Rue	13
K	M 8	**Gérard** Rue François	16
R	O 12	**Gerbert** Rue	15
O	K 25	**Gerbier** Rue	11
M-S	M 16	**Gerbillon** R. Jean-François	6
S	P 14	**Gergovie** Pass. de	14
S	P 14	**Gergovie** Rue de	14
A	E 13	**Gerhardt** Rue Charles	17
K	M 7	**Géricault** Rue	16
S	Q 17	**Germain** Rue Sophie	14
U	P 24	**Gershwin** Rue George	12
T	Q 19	**Gervais** Rue Paul	13
A	D 12	**Gervex** Rue	17
N	K 19	**Gesvres** Quai de	4
R	P 11	**Gibez** Rue Eugène	15
S	O 14	**Gide** Rue André	15
U	O 23	**Giffard** Rue	13
U	M 23	**Gilbert** Rue Emile	12
G	E 18	**Gill** Rue André	18
K-L	K 9	**Gillet** Rue de l'Abbé	16
R	P 11	**Gillot** Rue Firmin	15
Q-R	N 9	**Gilot** Sq. Paul	15
B	D 16	**Ginier** Villa Pierre	18
B	D 16	**Ginier** Rue Pierre	18
U	O 24	**Ginkgo** Cour du	12
L-R	M 10	**Ginoux** Rue	15
T-U	P 21	**Giono** Rue Jean	13
X	R 15	**Giordano** Rue Bruno	14
C-H	D 21	**Girard** R. Philippe de	10-18
D	E 24	**Girard** Rue Pierre	19
B	D 18	**Girardon** Rue	18
B	D 18	**Girardon** Imp.	18
D	D 24	**Giraud** Rue Léon	19
F	H 12	**Giraudoux** Rue Jean	16
G	I 14	**Girault** Av. Charles	8
K	M 7	**Girodet** Rue	16
D	B 24	**Gironde** Quai de la	19
N	L 18	**Gît-le-Coeur** Rue	6
T	O 19	**Glacière** Rue de la	13
J	F 28	**Glaïeuls** Rue des	20
J	F 28	**Gley** Av. du Docteur	20
G	G 17	**Gluck** Rue	9
Y	S 19	**Glycines** Rue des	13
T	Q 20	**Gobelins** Av. des	13
T	P 20	**Gobelins** Cité des	13
T	P 20	**Gobelins** Villa des	13
T	O 20	**Gobelins** Av. des	5
T	P 20	**Gobelins** Rue des	13
O	K 24	**Gobert** Rue	11
V	P 28	**Godard** Villa Jean	12
E-K	I 9	**Godard** Rue Benjamin	16
T	Q 20	**Godefroy** Rue	13
O	J 27	**Godin** Villa	20
G-H	F 18	**Godon** Cité Charles	9
G	G 16	**Godot-de-Mauroy** Rue	9
F-L	I 12	**Goethe** Rue	16
C-H	E 22	**Goix** Pass.	19
N	I 19	**Goldoni** Pl.	2
G	I 17	**Gomboust** Rue	1
G	I 17	**Gomboust** Imp.	1
H-I	H 23	**Goncourt** Rue des	11
T	Q 19	**Gondinet** Rue Edmond	13
O	M 25	**Gonnet** Rue	11
U	O 27	**Gossec** Rue	12
C	A 19	**Gosset** Rue du Professeur	18
P	M 28	**Got** Sq.	20
G	F 14	**Goubaux** Pl. Prosper	17-8
D-I	E 25	**Goubet** Rue	19
H	H 20	**Goublier** Rue Gustave	10
B	E 18	**Goudeau** Pl. Emile	18
B	C 15	**Goüin** Rue Ernest	17
U	O 26	**Goujon** Rue du Docteur	12
F-L	I 13	**Goujon** Rue Jean	8
F	E 12	**Gounod** Rue	17
L	K 12	**Gouraud** Pl. du Général	7
T-U	Q 22	**Gourdault** Rue Pierre	13
A	D 12	**Gourgaud** Av.	17
I	F 23	**Gourmont** Rue Rémy-de	19
Y	S 20	**Gouthière** Rue	13
C-H	E 19	**Goutte-d'Or** Rue de la	18
F	E 11	**Gouvion-Saint-Cyr** Bd	17
F	E 10	**Gouvion-Saint-Cyr** Sq.	17
M	L 17	**Gozlin** Rue	6
I	H 23	**Grâce-de-Dieu** Cour la	10
T	N 20	**Gracieuse** Rue	5
A-F	E 10	**Graisivaudan** Sq. du	17
R	N 11	**Gramme** Rue	15
G	H 18	**Gramont** Rue de	2
S	P 17	**Grancey** Rue de	14
N	I 19	**Grand-Cerf** Pass. du	2
R	O 10	**Grand-Pavois** Jardin du	15
N	I 22	**Grand-Prieuré** Rue du	11
N	K 22	**Grand-Veneur** Rue du	3
F	F 10	**Grande-Armée** Av. de la	16-17
F	G 11	**Grande-Armée** Villa de la	17
K	J 4	**Grande-Cascade** Rte	16
S	N 17	**Grande-Chaumière** Rue	6
N	J 19	**Grande-Truanderie** Rue la	1
M	K 18	**Grands-Augustins** Rue	6
N	K 18	**Grands-Augustins** Quai	6
P	L 28	**Grands-Champs** Rue des	20
N	L 19	**Grands-Degrés** Rue des	5
T	P 19	**Grangé** Sq.	13
H	F 22	**Grange-aux-Belles** Rue la	10
G-H	G 18	**Grange-Batelière** Rue	9
L	L 13	**Granier** Rue Joseph	7
F	I 11	**Grasse** Pl. de l'Amiral de	16
U	N 24	**Grauwin** Rue Paul-Henri	12
H.C.	Q 27	**Gravelle** Av. de	12
U	P 26	**Gravelle** Rue de	12
E	F 6	**Graviers** Rue des	16
N	J 20	**Gravilliers** Pass. des	3
N	I 20	**Gravilliers** Rue des	3
L	K 11	**Gréard** Av. Octave	7
G	G 16	**Greffulhe** Rue	8
M-S	M 16	**Grégoire** Rue de l'Abbé	6
D	D 27	**Grenade** Rue de la	19
L	L 11	**Grenelle** Bd de	15
K-L	L 9	**Grenelle** Pont de	15
L	K 10	**Grenelle** Port de	15
L	L 11	**Grenelle** Quai de	15
L	M 11	**Grenelle** Villa de	15
K	M 9	**Grenelle** Pont de	15-16
M	L 17	**Grenelle** Rue de	6
L	K 13	**Grenelle** Rue de	7
H-N	I 19	**Greneta** Cour	2
N	I 19	**Greneta** Rue	3
N	J 20	**Grenier-St-Lazare** Rue du	3
N	K 20	**Grenier-sur-l'Eau** Rue	4
P	J 28	**Grés** Sq. des	20
P	K 28	**Grés place** Rue des	20
D	C 24	**Gresset** Rue	19
G	H 18	**Grétry** Rue	2
L	I 9	**Greuze** Rue	16
M	K 16	**Gribeauval** Rue de	7
T	N 20	**Gril** Rue du	5
I	E 25	**Grimaud** Imp.	19
L-R	M 13	**Grisel** Imp.	15
I-O	I 24	**Griset** Cité	11
N	J 22	**Gromaire** Rue Marcel	11
K	L 8	**Gros** Rue	16
P	K 27	**Gros** Imp.	20
L	K 12	**Gros-Caillou** Rue du	7
B	B 18	**Grosse-Bouteille** Imp.	18
Q	O 7	**Grossetti** Rue du Général	16
R	N 11	**Groult** Rue de l'Abbé	15
J	H 27	**Groupe-Manouchian** Rue	20
H	H 22	**Groussier** Rue Arthur	10
C	D 21	**Guadeloupe** Rue de la	18
G	G 15	**Guatemala** Pl. du	8
Q	O 6	**Gudin** Rue	16
C	B 21	**Gué** Imp. du	18
J	G 28	**Guébriant** Rue de	20
G	E 18	**Guelma** Villa de	18
N	L 22	**Guéménée** Imp.	4
M	K 18	**Guénégaud** Rue	6
O	L 26	**Guénot** Rue	11
O	L 25	**Guénot** Pass.	11

Plan		Rues / Streets	Ar.
T	Q 20	**Guérin** Rue du Père	13
K-Q	L 7	**Guérin** Rue Pierre	16
H	I 20	**Guérin-Boisseau** Rue	2
F	E 10	**Guersant** Rue	17
L	L 12	**Guesclin** Pass. du	15
L	L 12	**Guesclin** Rue du	15
S	O 15	**Guesde** Rue Jules	14
K	J 9	**Guibert** Villa	16
C	D 18	**Guibert** Rue du Cardinal	18
K	K 9	**Guichard** Rue	16
I	H 26	**Guignier** Pl. du	20
I	H 26	**Guignier** Rue du	20
Q	N 5	**Guilbaud** R du Cdt	16
O	J 24	**Guilhem** Pass.	11
O	J 24	**Guilhem** Rue du Général	11
W	Q 11	**Guillaumat** Rue du Gal	15
O	I 24	**Guillaume** Rue Bertrand	11
F	G 12	**Guillaumin** Pl. Georges	8
U	M 24	**Guillaumot** Rue	12
S	O 15	**Guillebon** Al. C. d'E. de	16
S	P 15	**Guilleminot** Rue	14
N	K 21	**Guillemites** Rue des	4
R	P 12	**Guillot** Sq. Léon	15
S	N 14	**Guillout** Rue Edmond	15
I	G 24	**Guimard** Rue Hector	19
M	L 17	**Guisarde** Rue	6
P	M 27	**Guitry** R. Lucien et Sacha	20
F	F 11	**Guizot** Villa	17
L	J 11	**Gustave-V-de-Suède** Av.	16
R	N 10	**Gutenberg** Rue	16
Q-R	N 10	**Gutenberg** Rue	15
Q	N 5	**Gutenberg** Sq.	16
B	C 14	**Guttin** Rue	17
V	N 29	**Guyane** Bd de la	12
P	K 28	**Guyenne** Sq. de la	20
M-S	M 17	**Guynemer** Rue	6
		H	
R	O 12	**Hachette** Rue Jeanne	15
E	F 9	**Hackin** R. Joseph et Marie	16
H	F 22	**Haendel** Rue G. Friedrich	10
P	L 29	**Hahn** Rue Reynaldo	20
H.C.	A 23	**Haie-Coq** Rue de la	19
O-P	L 27	**Haies** Pass. des	20
O-P	K 27	**Haies** Rue des	20
D	D 25	**Hainaut** Rue du	19
R	M 10	**Hajje** Rue Antoine	15
G	G 17	**Halévy** Rue	9
S	Q 17	**Hallé** Rue	14
S	Q 17	**Hallé** Villa	14
Y	S 19	**Haller** Rue Albin	13
N	J 19	**Halles** Rue des	1
N	J 19	**Halles Souterrain** Rue des	1
T	O 19	**Halpern** Pl. Bernard	5
R	P 10	**Hameau** Rue du	15
F	H 11	**Hamelin** Rue	16
U	P 26	**Hamont** Rue Théodore	12
G	H 17	**Hanovre** Rue de	2
O-P	J 27	**Hardy** Villa	20
G	E 17	**Haret** Rue Pierre	9
L	K 12	**Harispe** Rue du Maréchal	7
N	K 18	**Harlay** Rue de	1
R	P 13	**Harmonie** Rue de l'	15
N	L 19	**Harpe** Rue de la	5
P	K 28	**Harpignies** Rue	20
I	F 24	**Hassard** Rue	19
N	J 21	**Haudriettes** Rue des	3
G-F	H 18	**Haussmann** Bd	8
F	G 13	**Haussmann** Bd	9
N	L 19	**Haut-Pavé** Rue du	5
N	L 18	**Hautefeuille** Rue	6
N	L 18	**Hautefeuille** Imp.	6
I	F 25	**Hauterive** Villa d'	19
Y	R 22	**Hautes-Formes** Rue des	13
H	G 20	**Hauteville** Cité d'	10
H	F 20	**Hauteville** Rue d'	10
I	E 25	**Hautpoul** Imp.	19
D-I	D 25	**Hautpoul** Rue d'	19
I-J	G 27	**Hauts-de-Belleville** Villa	20
R	M 13	**Haüy** Rue Valentin	15
G	G 16	**Havre** Cour du	8
G	G 16	**Havre** Pass. du	8
G	G 16	**Havre** Pl. du	8-9
G	G 16	**Havre** Rue du	8
G	G 16	**Havre** Rue du	9
I-J	F 27	**Haxo** Rue	19-20
J	I 28	**Haxo** Imp.	20
K	L 9	**Hayem** Pl. du Docteur	16
K	J 7	**Hébert** Rue Ernest	16
C	C 21	**Hébert** Pl.	18
I	G 23	**Hébrard** Pass.	10
U	N 24	**Hébrard** Ruelle des	12
K	L 8	**Hébrard** Av. Adrien	16
I	F 23	**Hecht** Rue Philippe	19
K	L 7	**Heine** Rue Henri	16
G	H 17	**Helder** Rue du	9
B	D 16	**Hélène** Rue	17
K	J 9	**Hélie** Rue Faustin	16
A-F	E 11	**Héliopolis** Rue d'	17
T	Q 22	**Héloïse-et-Abélard** Sq.	13
Q	O 8	**Hemingway** Rue Ernest	15
X	R 17	**Hénaffe** Pl. Jules	14
U	N 25	**Henard** Rue	12
U	N 24	**Hennel** Pass.	12
G	F 17	**Henner** Rue	9
Y	R 20	**Henocque** Pl. Abbé-Georges	13
N	K 18	**Henri** Rue Robert	1
Q	O 8	**Henri de France** Espl.	15
N	L 21	**Henri-IV** Bd	4
N-T	L 21	**Henri-IV** Quai	4
B	B 16	**Henrys** Rue du Général	17
B	A 15	**Hérault-de-Séchelles** Rue	17
V	P 29	**Herbillon** Av.	12
L	M 13	**Heredia** Rue José-Maria de	7
Q	P 6	**Hérelle** Av. Félix-d'	16
L	M 10	**Héricart** Rue	15
C	C 19	**Hermel** Rue	18
C	D 19	**Hermel** Cité	18
C	A 22	**Hermite** Rue Charles	18
C	A 22	**Hermite** Sq. Charles	18
N	I 18	**Herold** Rue	1
H	G 22	**Héron** Cité	10
T	N 19	**Herr** Pl. Lucien	5
K	I 10	**Herran** Rue	16
K	I 9	**Herran** Villa	16
F-G	G 14	**Herrick** Av. Myron Timothy	8
M	J 15	**Herriot** Pl. du Pdt Edouard	7
S	N 18	**Herschel** Rue	6
R	O 13	**Hersent** Villa	15
Q-R	M 9	**Hervieu** Rue Paul	15
N	J 22	**Hesse** Rue de	3
B	C 16	**Heulin** Rue du Docteur	17
K-Q	M 8	**Heuzet** Av. Léon	16
I	E 26	**Hidalgo** Rue Miguel	19
U	N 25	**Hillairet** Rue Jacques	12
P	L 29	**Hilsz** Rue Maryse	20
K	K 4	**Hippodrome** Rte de l'	16
N	L 18	**Hirondelle** Rue de l'	6
H	H 21	**Hitorff** Cité	10
H	H 21	**Hittorff** Rue	10
I	F 23	**Hiver** Cité	19
J	H 29	**Hoche** Rue	20
F	F 13	**Hoche** Av.	8
F	F 11	**Hoff** Rue du Sergent	17
S	P 14	**Holweck** Rue Fernand	14
D	D 26	**Honegger** Al. Arthur	19
S	N 18	**Honnorat** Pl. André	6
T	N 22	**Hôpital** Bd de l'	13
H	G 22	**Hôpital-Saint-Louis** R. de l'	10
N	K 18	**Horloge** Quai de l'	1
N	J 20	**Horloge à Automates** Pass. de l'	3
N	K 21	**Hospitalières-St-Gervais** Rue	4
N	L 19	**Hôtel-Colbert** Rue de l'	5
N	K 21	**Hôtel-d'Argenson** Imp. de l'	4
N	K 20	**Hôtel-de-Ville** Pl. de l'	4

N	K 20	**Hôtel-de-Ville** Quai de l'	4
N	K 20	**Hôtel-de-Ville** Rue de l'	4
N	L 21	**Hôtel-Saint-Paul** Rue de l'	4
O	I 25	**Houdart** Rue	20
R	O 10	**Houdart-de-Lamotte** Rue	15
I	H 23	**Houdin** Rue Robert	11
G	E 18	**Houdon** Rue	18
T	N 21	**Houël** Rue Nicolas	5
F	G 12	**Houssaye** Rue Arsène	8
T	P 20	**Hovelacque** Rue Abel	13
J	G 29	**Hubert** Villa Eve	20
B	A 17	**Huchard** Sq. Henri	18
B	B 17	**Huchard** Rue Henri	18
N	L 19	**Huchette** Rue de la	5
F	G 11	**Hugo** Av. Victor	16
F	H 10	**Hugo** Pl. Victor	16
E	H 10	**Hugo** Villa Victor	16
P	M 28	**Huguenet** Rue Félix	20
E	H 8	**Hugues** Rue Jean	16
I	E 23	**Hugues** Rue Clovis	19
H	G 20	**Huit-Mai-1945** Rue du	10
H	F 19	**Huit-Novembre-1942** Rue	10
G	I 18	**Hulot** Pass.	1
O-R	M 9	**Humbert** Pl. Alphonse	15
W	R 13	**Humbert** Rue du Général	14
L	L 11	**Humblot** Rue	15
D	D 24	**Humbolt** R. Alexandre-de	19
T	Q 22	**Hutinel** R. Docteur Victor	13
S	O 16	**Huyghens** Rue	14
S	M 17	**Huysmans** Rue	6
S	O 15	**Hymans** Sq. Max	15

I

A	D 10	**Ibert** Rue Jacques	17
J	H 29	**Ibsen** Av.	20
F-L	H 12	**Iéna** Av. d'	16
L	I 11	**Iéna** Pl. d'	16
L	J 11	**Iéna** Pont d'	16
A	D 11	**Iéna** Pass. d'	17
L	K 11	**Iéna** Pont d'	7
N	L 20	**Ile-de-France** Sq. de l'	4
O-U	M 27	**Ile de la Réunion** Pl. de l'	12
S	P 17	**Ile-de-Sein** Pl. de l'	14
O	M 26	**Immeubles-Industriels** R. des	11
D-I	D 26	**Indochine** Bd d'	19
P	J 27	**Indre** Rue de l'	20
H	H 20	**Industrie** Pass. de l'	10
O	I 24	**Industrie** Cité de l'	11
O	L 25	**Industrie** Cour de l'	11
Y	S 21	**Industrie** Rue de l'	13
O	J 24	**Industrielle** Cité	11
V	N 29	**Indy** Av. Vincent-d'	12
M	J 18	**Infante** Jardin de l'	1
I	H 23	**Ingold** Pl. du Général-de	19
K	K 7	**Ingres** Av.	16
N	J 19	**Innocents** Rue des	1
M	K 17	**Institut** Pl. de l'	6
W	Q 11	**Insurgés-de-Varsovie** Pl.	15
L	L 14	**Intendant** Jardin de l'	7
G	G 16	**Intérieure** Rue	8
M	K 14	**Invalides** Bd des	7
M	J 14	**Invalides** Espl. des	7
M	K 14	**Invalides** Pl. des	7
L-M	I 14	**Invalides** Pont des	7-8
J	F 27	**Iris** Villa des	19
Y	S 19	**Iris** Rue des	13
T	N 19	**Irlandais** Rue des	5
K	M 7	**Isabey** Rue	16
C-H	E 20	**Islettes** Rue des	18
G	G 16	**Isly** Rue de l'	8
E-F	E 13	**Israël** Pl. d'	17
R	P 10	**Issy les Moulineaux** Porte	15
Q	O 8	**Issy les Moulineaux** Quai d'	15
T-Y	Q 20	**Italie** Av. d'	13
T	Q 20	**Italie** Pl. d'	13
Y	T 21	**Italie** Porte d'	13
Y	R 20	**Italie** Rue d'	13
G	H 18	**Italiens** Bd des	2
G	H 17	**Italiens** Bd des	9
G	H 17	**Italiens** Rue des	9
Y	R 21	**Ivry** Av. d'	13
Y	S 23	**Ivry** Porte d'	13
Z	R 25	**Ivry** Quai d'	13
Y	S 22	**Ivry-Regnault** Sq.	13

J

M	K 17	**Jacob** Rue	6
Y	S 20	**Jacob** Rue Max	13
O	I 23	**Jacquard** Rue	11
R	N 12	**Jacquemaire Cle.** Rue du Dr	15
B	D 15	**Jacquemont** Rue	17
B	D 15	**Jacquemont** Villa	17
S	P 15	**Jacques** Rue Edouard	14
S-X	Q 15	**Jacquier** Rue	14
F	F 13	**Jadin** Rue	17
T	N 20	**Jaillot** Pass.	5
I	H 26	**Jakubowicz** Rue Hélène	20
Y	S 19	**Jambenoire** Al. Marcel	13
H	F 22	**Jammes** Rue Francis	10
X	Q 15	**Jamot** Villa	14
I	G 24	**Jandelle** Cité	19
K	J 9	**Janin** Av. Jules	16
I	F 26	**Janssen** Rue	19
O	I 27	**Japon** Rue du	20
O	K 24	**Japy** Rue	11
T	N 21	**Jardin-des-Plantes** Rue	5
M	L 18	**Jardinet** Rue du	6
O	L 26	**Jardiniers** Imp. des	11
U	P 26	**Jardiniers** Rue des	12
N	L 21	**Jardins-Saint-Paul** Rue	4
N	K 21	**Jarente** Rue de	4
H	G 20	**Jarry** Rue	10
K	L 7	**Jasmin** Rue	16
K	L 7	**Jasmin** Cour	16
K	L 7	**Jasmin** Sq.	16
U	M 26	**Jaucourt** Rue	12
D-I	D 26	**Jaurès** Av. Jean	19
KQ	N 8	**Javel** Port de	15
R	M 9	**Javel** Rue de	15
Y	R 22	**Javelot** Rue du	13
N	L 20	**Jean-XXIII** Sq.	4
T-Y	Q 20	**Jégo** Rue Jean-Marie	13
H	F 22	**Jemmapes** Quai de	10
T	P 21	**Jenner** Rue	13
C-H	E 21	**Jessaint** Sq.	18
C-H	E 20	**Jessaint** Rue de	18
H	I 22	**Jeu-de-Boules** Pass. du	11
H	H 18	**Jeûneurs** Rue des	2
S-X	Q 15	**Joanès** Rue	14
S-X	Q 15	**Joanès** Pass.	14
R	P 12	**Jobbé-Duval** Rue	15
K	I 9	**Jocelyn** Villa	16
B	D 16	**Jodelle** Rue Etienne	18
L	L 12	**Joffre** Pl.	7
C	C 19	**Joffrin** Pl. Jules	18
D	C 24	**Joinville** Imp. de	19
D	D 24	**Joinville** Pl. de	19
D	C 24	**Joinville** Rue de	19
S	O 16	**Jolivet** Rue	14
O	J 24	**Joly** Cité	11
D	D 24	**Jomard** Rue	19
T-Y	Q 19	**Jonas** Rue	13
Q-R	O 9	**Jongkind** Rue	15
R	Q 13	**Jonquilles** Rue des	14
S-X	Q 14	**Jonquoy** Rue	14
B	B 18	**Joséphine** Rue	18
O-P	K 27	**Josseaume** Pass.	20
O	L 23	**Josset** Pass.	11
F	F 12	**Jost** Rue Léon	17
G	G 16	**Joubert** Rue	9
G	G 18	**Jouffroy** Pass.	9
A-B	D 14	**Jouffroy d'Abbans** Rue	17
H	H 21	**Jouhaux** Rue Léon	10
N	I 19	**Jour du** Rue	1
Q	P 6	**Jour-se-lève** Rue du	16
I	G 25	**Jourdain** Rue du	20
X-Y	S 16	**Jourdan** Bd	14
D	D 25	**Jouve** Rue Pierre-Jean	19

Plan		**Rues** / Streets	Ar.
M	L 17	**Jouvenel** Rue Henry-de	6
Q	N 7	**Jouvenet** Rue	16
Q	N 7	**Jouvenet** Sq.	16
B-C	D 18	**Jouy** Rue Jules	18
N	K 21	**Jouy** Rue de	4
I	G 24	**Jouye-Rouve** Rue	20
U	P 23	**Joyce** Jardin James	13
B	B 16	**Joyeux cité** Rue	17
L	M 12	**Judlin** Sq. Théodore	15
L	L 11	**Juge** Rue	15
L	M 11	**Juge** Villa	15
N	K 20	**Juges-Consuls** Rue des	4
I	I 25	**Juillet** Rue	20
A-F	E 12	**Juin** Pl. du Maréchal	17
T	P 19	**Julienne** Rue de	13
S	O 17	**Jullian** Pl. Camille	6
N	J 18	**Jullien** Rue Adolphe	1
D	D 26	**Jumin** Rue Eugène	19
B	D 18	**Junot** Av.	18
T	O 20	**Jura** Rue du	13
N	I 19	**Jussienne** Rue de la	2
T	M 20	**Jussieu** Rue	5
T	M 20	**Jussieu** Pl.	5
J	H 28	**Justice** Rue de la	20
		K	
C	E 21	**Kablé** Rue Jacques	18
H-C	E 22	**Kabylie** Rue de	19
U	Q 24	**Kafka** Rue Franz	13
C	B 19	**Kahn** Pl. Albert	18
R	O 14	**Kandinsky** Pl. Wassily	15
O	J 27	**Karcher** Sq. Henri	20
D	B 24	**Karr** Rue Alphonse	19
T	N 19	**Kastler** Pl. Alfred	5
O	K 23	**Keller** Rue	11
L-R	M 10	**Keller** R. de l'Ing. Robert	15
Y	S 19	**Kellermann** Bd	13
Y	T 20	**Kellermann** Parc	13
B	B 16	**Kellner** Rue Jacques	17
L	K 10	**Kennedy** Av. du Président	16
F	H 12	**Kepler** Rue	16
P	K 28	**Kergomard** Rue Pauline	20
U	P 24	**Kessel** Rue Joseph	12
Y	S 20	**Keufer** Rue	13
F-L	G 11	**Kléber** Av.	16
F	H 11	**Kléber** Imp.	16
I	F 27	**Kock** Rue Paul de	19
F	E 10	**Koenig** Al. du Général	17
F	F 10	**Koenig** Pl. du Général	17
C	B 22	**Korsakoy** Al. Rimski	18
G-H	G 18	**Kossuth** Pl.	9
C	C 19	**Kracher** Pass.	18
Y	S 20	**Küss** Rue	13
		L	
P	M 29	**L'Herminier** Rue du Cdt	20
G	G 14	**La-Baume** Rue de	8
F-G	G 15	**La-Boétie** Rue	8
L	J 12	**La-Bourdonnais** Av. de	7
G	F 17	**La-Bruyère** Rue	9
G	F 17	**La-Bruyère** Sq.	9
B	D 16	**La-Condamine** Rue	17
G-H	E 22	**La-Fayette** Rue	10-9
G-M	I 18	**La-Feuillade** Rue	1-2
K	L 9	**La-Fontaine** Rue	16
K	L 8	**La-Fontaine** Hameau	16
K	L 8	**La-Fontaine** Sq.	16
Q	O 6	**La-Frillière** Av. de	16
B	C 14	**La-Jonquière** Imp. de	17
B	C 15	**La-Jonquière** Rue de	17
G	H 17	**La-Michodière** Rue de	2
L	K 13	**La-Motte Picquet** Av. de	15-7
L	L 12	**La-Motte-Picquet** Sq. de	15
F	H 11	**La-Pérouse** Rue	16
M	L 16	**La-Planche** Rue de	7
R	O 13	**La-Quintinie** Rue	15

Plan		**Rues** / Streets	Ar.
N	J 19	**La-Reynie** Rue de	2-4
M	L 15	**La-Rochefoucauld** Sq.	7
G	F 17	**La-Rochefoucauld** Rue	9
V	P 28	**La-Roncière Le Noury** R. A.	12
G-M	I 17	**La-Sourdière** Rue de	1
H	F 18	**La-Tour-d'Auvergne** Imp.	9
H	F 18	**La-Tour-d'Auvergne** Rue	9
L	J 14	**La-Tour-Maubourg** Bd	7
L	K 13	**La-Tour-Maubourg** Sq.	7
F	I 12	**La-Trémoille** Rue de	8
O	K 25	**La-Vacquerie** Rue de	11
Q	P 6	**La-Vaulx** Rue Henry de	16
B-G	E 18	**La-Vieuville** Rue de	18
M	I 18	**La-Vrillère** Rue	2
C	D 19	**Labat** Rue	18
J	H 28	**Labbé** Rue du Docteur	20
I	G 24	**Labé** Al. Louise	19
K	J 8	**Labiche** Rue Eugène	16
F	F 10	**Labie** Rue	17
C-D	C 22	**Labois-Rouillon** Rue	19
G	G 15	**Laborde** Rue de	8
C	B 18	**Labori** Rue Fernand	18
M	L 15	**Labouré** Jardin Catherine	7
R-W	Q 13	**Labrador** Imp. du	15
R	P 14	**Labrouste** Rue	15
I	I 25	**Labyrinthe** Cité du	20
X-Y	R 18	**Lac** Al. du	14
B	C 16	**Lacaille** Rue	17
X	R 17	**Lacaze** Rue	14
T	N 19	**Lacépède** Rue	5
U	P 25	**Lachambeaudie** Pl.	12
C	C 20	**Lachapelle** Rue H.	18
O	J 23	**Lacharrière** Rue	11
Y	S 22	**Lachelier** Rue	13
R	N 10	**Lacordaire** Rue	15
V	P 27	**Lacoste** Rue Ernest	12
R	P 11	**Lacretelle** Rue	15
B	C 16	**Lacroix** Rue	17
I	G 24	**Lacroix** Rue Julien	20
E	G 8	**Lacs Pte des Sablons** Rte des	16
E	I 5	**Lacs-à-Bagatelle** Rte des	16
E	H 8	**Lacs-Porte-Dauphine** Al. des	16
E	G 6	**Lacs-à-Madrid** Rte des	16
K	K 6	**Lacs-à-Passy** Rte des	16
N	M 22	**Lacuée** Rue	12
A	D 12	**Ladwig** Rue Arthur	17
A	D 11	**Lafay** Prom. Bernard	17
W-X	R 13	**Lafenestre** Av. Georges	14
G	F 18	**Laferrière** Rue	9
G	G 18	**Laffitte** Rue	9
Q	O 6	**Lafont** Av. Georges	16
I	F 25	**Laforgue** Villa Jules	19
S	N 16	**Lafue** Pl. Pierre	6
B	C 16	**Lagache** Rue du Capitaine	17
T	O 19	**Lagarde** Rue	5
T	O 19	**Lagarde** Sq.	5
C	D 20	**Laghouat** Rue de	18
B	C 16	**Lagille** Rue	18
P	L 28	**Lagny** Pass. de	20
P	M 27	**Lagny** Rue de	20
N	L 19	**Lagrange** Rue	5
T	Q 22	**Lahire** Rue	13
R	N 11	**Lakanal** Rue	15
S	P 16	**Lalande** Rue	14
G-H	F 18	**Lallier** Rue	9
E-F	G 9	**Lalo** Rue	16
B	D 15	**Lamandé** Rue	17
B-C	C 16	**Lamarck** Rue	18
B	C 17	**Lamarck** Sq.	18
S	P 17	**Lamarque** Sq. Georges	14
K	I 8	**Lamartine** Sq.	16
H	G 18	**Lamartine** Rue	9
D	D 23	**Lamaze** Rue du Docteur	19
L	L 10	**Lamballe** Av. de	16
P	K 29	**Lambeau** Rue Lucien	20
A	D 13	**Lamber** Rue Juliette	17
C	D 19	**Lambert** Rue	18
L	K 11	**Lambert** Rue du Général	7

U	O 26	**Lamblardie** Rue	12
U	P 25	**Lamé** Rue Gabriel	12
F	G 13	**Lamennais** Rue	8
O	K 25	**Lamier** Imp.	11
V	M 28	**Lamoricière** Av.	12
E	H 9	**Lamoureux** Rue Charles	16
T	O 19	**Lampué** Pl. Pierre	5
O	K 23	**Lamy** Rue du Commandant	11
F-G	G 13	**Lancereaux** Rue du Dr	8
U	O 26	**Lancette** Rue de la	12
Y	R 19	**Lançon** Rue Auguste	13
Q	N 7	**Lancret** Rue	16
H	H 21	**Lancry** Rue de	10
Y	S 20	**Landouzy** Rue du Docteur	13
L	J 13	**Landrieu** Pass.	7
O	J 27	**Landrin** Pl. Emile	20
O	J 27	**Landrin** Rue Emile	20
R	P 11	**Langeac** Rue de	15
N-T	M 20	**Langevin** Sq. Paul	5
U-Z	Q 25	**Langle de Cary** R. du Gal de	12
T	Q 20	**Langlois** Pl. Henri	13
K	J 9	**Langlois** Rue du Général	16
N	M 19	**Lanneau** Rue de	5
X	S 16	**Lannelongue** Av. du Dr	14
E	H 8	**Lannes** Bd	16
F	G 11	**Lanrezac** Rue du Général	17
N	K 19	**Lantier** Rue Jean	1
B	B 16	**Lantiez** Rue	17
B	C 16	**Lantiez** Villa	17
I	F 27	**Laonnais** Sq. du	19
L	L 12	**Laos** Rue du	15
V	P 28	**Laperrine** Av. du Général	12
W-X	R 14	**Lapeyre** Rue du Lieutenant	14
C	C 18	**Lapeyrère** Rue	18
N-T	M 19	**Laplace** Rue	5
M	M 13	**Lapparent** Rue Albert de	7
O	L 23	**Lappe de** Rue	11
R-U	P 23	**Larbaud** Rue V. Valéry	13
N	J 20	**Lard** Rue Pierre au	4
I	F 23	**Lardennois** Rue Georges	19
K	M 7	**Largeau** Rue du Général	16
K	K 8	**Largillière** Rue	16
L	L 12	**Larminat** Rue du Gal de	15
S	O 16	**Larochelle** Rue	14
T	N 19	**Laromiguière** Rue	5
S-X	Q 14	**Larousse** Rue Pierre	14
T	N 20	**Larrey** Rue	5
G	F 15	**Larribe** Rue	8
R	N 12	**Larroumet** Rue Gustave	15
V	O 29	**Lartet** Rue Edouard	12
T	M 20	**Lartigue** R. Jacques Henri	5
M	K 15	**Las-Cases** Rue	7
I	G 24	**Lasalle** Rue du Général	19
V	N 28	**Lasson** Rue	12
I	G 25	**Lassus** Rue	19
F	H 10	**Lasteyrie** Rue de	16
B-G	E 16	**Lathuille** Pass.	18
T	M 19	**Latran** Rue de	5
E	H 8	**Lattre de Tassigny** Pl. du Mal	16
F	E 11	**Laugier** Rue	17
F	E 11	**Laugier** Villa	17
H	G 19	**Laumain** Rue Gabriel	10
I	E 24	**Laumière** Av. de	19
V	O 28	**Laurencin** Rue Marie	12
K	L 8	**Laurens** Sq. Jean-Paul	16
V	N 29	**Laurent** Av. Emile	12
R	N 13	**Laurent** Sq. Charles	15
P	M 27	**Laurent** Al. Marie	20
O	K 24	**Laurent** Rue Auguste	11
Y	R 20	**Laurent** Rue du Docteur	13
W	R 13	**Laurier** Rue Wilfrid	14
F-L	H 11	**Lauriston** Rue	16
C	B 22	**Lauth** Rue Charles	18
N	J 19	**Lautréamont** Ter.	1
I	G 24	**Lauzin** Rue	19
N	J 19	**Lavandières-Se-Opportune** R.	1
S-T	O 18	**Laveran** Pl. Alphonse	5
V	P 27	**Lavigerie** Pl. Cardinal	12
V	N 28	**Lavisse** Rue Ernest	12
H	H 21	**Lavoir** Villa du	10

B	D 16	**Lavoir** Pass. du	18
G	G 15	**Lavoisier** Rue	8
C	C 19	**Lavy** Rue Aimé	18
H-N	I 19	**Lazareff** Al. Pierre	2
X	R 15	**Le Bon** Rue Gustave	14
M	L 16	**Le Corbusier** Pl.	6-7
Q	N 9	**Le Gramat** Al.	15
M	L 18	**Le Prince** Rue Monsieur	6
U	P 25	**Le Roy** Rue du Baron	12
X	S 16	**Le-Brix-et-Mesmin** Rue	14
T	O 20	**Le-Brun** Rue	13
J	I 27	**Le-Bua** Rue	20
A	E 12	**Le-Châtelier** Rue	17
T-Y	Q 19	**Le-Dantec** Rue	13
N	J 20	**Le-Franc** Rue Simon	4
T	P 19	**Le-Gall** Sq. René	13
S-T	M 18	**Le-Goff** Rue	5
X	R 15	**Le-Goffic** Rue Charles	14
Q	O 6	**Le-Marois** Rue	16
L	J 10	**Le-Nôtre** Rue	16
G	G 18	**Le-Peletier** Rue	9
N	L 20	**Le-Regrattier** Rue	4
W	R 14	**Le-Roy** Rue Pierre	14
F	G 10	**Le-Sueur** Rue	16
G-H	E 18	**Le-Tac** Rue Yvonne	18
L	J 10	**Le-Tasse** Rue	16
J-P	H 28	**Le-Vau** Rue	20
S	N 17	**Le-Verrier** Rue	6
B	D 17	**Léandre** Villa	18
R	O 11	**Léandri** Rue Cdt	15
A	D 12	**Leautaud** Pl. Paul	17
G-H	F 18	**Lebas** Rue Hippolyte	9
S	P 15	**Lebeuf** Pl. Abbé Jean	14
U	M 24	**Leblanc** Pass. Abel	12
Q	O 8	**Leblanc** Rue	15
I	F 26	**Leblanc** Villa Eugène	19
F	E 11	**Lebon** Rue	17
S	O 15	**Lebouis** Rue	14
S	O 15	**Lebouis** Imp.	14
G	E 14	**Lebouteux** Rue	17
V	M 29	**Lecache** Rue Bernard	12
Y	S 20	**Lecène** Rue du Docteur	13
B	E 16	**Lechapelais** Rue	17
O	J 23	**Léchevin** Rue	11
B	B 16	**Leclaire** Sq. Jean	17
P	J 28	**Leclaire** Cité	20
B	B 16	**Leclaire** Rue Jean	17
S	O 14	**Leclanche** Rue Georges	15
S	P 17	**Leclerc** Rue	14
S-X	P 17	**Leclerc** Av. du Général	14
G	E 16	**Lécluse** Rue	17
R	N 11	**Lecocq** Rue Charles	15
I	F 23	**Lecointe** Rue Sadi	19
B	D 15	**Lecomte** Rue	17
Q	N 6	**Lecomte-du-Noüy** Rue	16
K	M 7	**Leconte-de-Lisle** Rue	16
K	M 8	**Leconte-de-Lisle** Villa	16
R	N 14	**Lecourbe** Rue	15
R	O 10	**Lecourbe** Villa	15
L	K 12	**Lecouvreur** Al. Adrienne	7
S-X	Q 15	**Lecuirot** Rue	14
C	D 19	**Lécuyer** Rue	18
B-C	B 18	**Lécuyer** Imp. Alexandre	18
X	R 14	**Ledion** Rue	14
S	P 17	**Ledoux** Sq. Cl. Nicolas	14
O	K 24	**Ledru Rollin** Av.	11-12
V	O 28	**Lefébure** Rue Ernest	12
R	Q 11	**Lefebvre** Rue	15
R-W	Q 11	**Lefebvre** Bd	15
Q	N 9	**Lefebvre** Rue André	15
G	F 16	**Lefebvre** Rue Jules	9
J	H 27	**Lefèvre** Rue Ernest	20
B-G	C 16	**Legendre** Rue	17
B	C 16	**Legendre** Pass.	17
A-F	E 14	**Léger** Imp.	17
O	I 25	**Léger** Rue Fernand	20
M	J 16	**Légion d'Honneur** Rue de la	7
X	S 16	**Légion-Etrangère** Rue	14
H	H 21	**Legouvé** Rue	10
I	G 23	**Legrand** Rue	19

Plan		Rues / Streets	Ar.
O	J 27	**Legrand** Rue Eugénie	20
U	M 23	**Legraverend** Rue	12
B	B 16	**Leibniz** Rue	18
B	B 17	**Leibniz** Sq.	18
K	K 9	**Lekain** Rue	16
H	I 18	**Lelong** Rue Paul	2
X-Y	R 18	**Lemaignan** Rue	14
H	H 22	**Lemaître** Sq. Frédéric	10
I	G 25	**Lemaître** Rue Frédéric	20
V	N 28	**Lemaître** Rue Jules	12
J	F 28	**Léman** Rue du	19
B	D 15	**Lemercier** Rue	17
B	D 16	**Lemercier** Cité	17
P	K 29	**Lemierre** Av. Pr.-André	20
S	P 14	**Lemire** Sq. de l'Abbé	14
H	H 20	**Lemoine** Pass.	2
N	M 20	**Lemoine** Cité Cardinal	5
N-T	M 20	**Lemoine** Rue Cardinal	5
I	H 24	**Lémon** Rue	20
M	J 17	**Lemonnier** Av. Général	1
U	O 25	**Lemonnier** Rue Elisa	12
X	R 16	**Leneveux** Rue	14
H.C.	M 5	**Lenglen** Rue Suzanne	16
N-O	I 22	**Lenoir** Bd Richard	11
N-O	J 23	**Lenoir** Sq. Richard	11
O	K 24	**Lenoir** Rue Richard	11
H	F 19	**Lentonnet** Rue	9
C	D 20	**Léon** Rue	18
C	E 20	**Léon** Sq.	18
S	Q 14	**Léone** Villa	14
S	Q 15	**Léonidas** Rue	14
Q	N 9	**Léontine** Rue	15
K	L 8	**Léopold-II** Av.	16
H-I	F 23	**Lepage** Cité	19
K	M 7	**Lepage** Rue Bastien	16
O	K 25	**Lepeu** Pass. Gustave	11
O	K 25	**Lepeu** Rue Emile	11
B	D 17	**Lepic** Rue	18
B-G	E 17	**Lepic** Pass.	18
C	E 20	**Lépine** Rue Jean-François	18
N	K 19	**Lépine** Pl. Louis	4
Y	R 20	**Leray** Rue du Docteur	13
Z	Q 23	**Leredde** Rue	13
R	P 11	**Leriche** Rue	15
L	L 11	**Leroi-Gourhan** Rue	15
M	J 14	**Lerolle** Rue Paul-et-Jean	7
F	H 10	**Leroux** Rue	16
M	L 15	**Leroux** Rue Pierre	7
I	H 26	**Leroy** Cité	20
Y	T 22	**Leroy** Rue Charles	13
K	L 8	**Leroy-Beaulieu** Sq.	16
U-V	N 27	**Leroy-Dupré** Rue	12
T	M 22	**Lesage** Sq. Georges	12
I	H 24	**Lesage** Rue	20
I	G 24	**Lesage** Cour	20
N	J 19	**Lescot** Rue Pierre	1
N	L 22	**Lesdiguières** Rue de	4
O	K 26	**Lespagnol** Rue	20
O	K 27	**Lesseps** Rue de	20
M-S	M 15	**Lesueur** Av. Daniel	7
I	I 25	**Letalle** Rue Victor	20
R	M 11	**Letellier** Rue	15
L-R	M 11	**Letellier** Villa	15
C	B 19	**Letort** Rue	18
C	B 19	**Letort** Imp.	18
P	J 27	**Leuck** Rue Mathieu	20
O-P	J 27	**Leuwen** Rue Lucien	20
U	Q 25	**Levant** Cour du	12
Y	S 22	**Levassor** Rue Emile	13
B	C 15	**Level** Rue Emile	17
I	G 25	**Levert** Rue	20
G	E 14	**Lévis** Imp. de	17
G	E 14	**Lévis** Pl. de	17
G	E 14	**Lévis** Rue de	17
K	J 8	**Leygues** Rue Georges	16
R	N 12	**Lhermitte** Rue Léon	15
U	P 25	**Lheureux** Rue	12
O	L 23	**Lhomme** Pass.	11
T	N 19	**Lhomond** Rue	5
R	P 12	**Lhuillier** Rue	15
S	P 16	**Liancourt** Rue	14
Y	S 18	**Liard** Rue	14
I	H 25	**Liban** Rue du	20
I	F 26	**Liberté** Rue de la	19
U	Q 25	**Libourne** Rue de	12
W-X	R 14	**Lichtenberger** Sq. André	14
F	H 13	**Lido** Rue arcade du	8
U	Q 23	**Liégat** Cour du	13
G	F 16	**Liége** Rue de	8-9
V	N 28	**Lieutenance** Sentier la	12
R	Q 13	**Lieuvin** Rue du	15
O	K 26	**Ligner** Rue	20
I	F 26	**Lilas** Villa des	19
J	F 28	**Lilas** Porte des	19-20
I	F 26	**Lilas** Rue des	19
M	J 15	**Lille** Rue de	7
Z	R 23	**Limagne** Sq. de la	13
Z	R 23	**Limousin** Sq. du	13
O	K 25	**Linadier** Cité	11
F	H 13	**Lincoln** Rue	8
R	P 11	**Lindet** Rue Robert	15
R	P 12	**Lindet** Villa Robert	15
N	J 19	**Lingères** Pass. des	1
N	J 19	**Lingerie** Rue de la	1
T	M 20	**Linné** Rue	5
L-R	M 10	**Linois** Rue	15
N	L 21	**Lions-Saint-Paul** Rue des	4
R	N 12	**Liouville** Rue Joseph	15
P	M 29	**Lippmann** Rue	20
O	K 23	**Lisa** Pass.	11
F	F 13	**Lisbonne** Rue de	8
Y	S 19	**Liserons** Rue des	13
P	J 27	**Lisfranc** Rue	20
H	F 20	**Listz** Pl. Franz	10
S	M 16	**Littré** Rue	6
C-H	E 19	**Livingstone** Rue	18
N	K 20	**Lobau** Rue de	4
M	L 17	**Lobineau** Rue	6
B	D 15	**Lobligeois** Pl. du Dr Félix	17
I-O	I 23	**Lockroy** Rue Edouard	11
Y	S 20	**Lœb** Rue de l'Interne	13
X	R 17	**Lœwy** Rue Maurice	14
F	E 13	**Logelbach** Rue de	17
O-P	L 27	**Loi** Imp. de la	20
X	R 17	**Loing** Rue du	14
D	D 24	**Loire** Quai de la	19
Z	R 24	**Loiret** Rue du	13
P	M 28	**Loliée** Rue Frédéric	20
N	J 19	**Lombards** Rue des	1-4
Y	R 21	**Londres** Pl. Albert	13
G	G 16	**Londres** Cité de	9
G	G 17	**Londres** Rue de	8
G	F 16	**Londres** Rue de	9
E	G 9	**Longchamp** Al. de	16
F-L	I 11	**Longchamp** Villa de	16
E--L	H 8	**Longchamp** Rue de	16
E	H 7	**Long. Bout des Lacs** Rte de	16
H.C.	H 5	**Longue-Queue** Piste	16
Y	S 19	**Longues-Raies** Rue des	13
N	J 19	**Lorca** Al. Garcia	1
K	M 7	**Lorrain** Pl. Jean	16
Q	O 6	**Lorrain** Villa Claude	16
Q	N 6	**Lorrain** Rue Claude	16
I	F 26	**Lorraine** Villa de	19
D	D 24	**Lorraine** Rue de	19
R-S	P 16	**Losserand** Rue Raymond	14
S	Q 14	**Losserand-Suisses** Sq.	14
D	A 24	**Lot** Quai du	19
E	I 9	**Lota** Rue de	16
L	K 11	**Loti** Av. Pierre	7
I	F 26	**Loubet** Villa Emile	19
I	H 25	**Loubeyre** Cité Antoine	20
B	B 16	**Loucheur** Rue Louis	17
L	J 9	**Louis David** Rue	16
I	H 26	**Louis Robert** Imp.	20
N	K 22	**Louis XIII** Sq.	3

G	G 16	**Louis XVI** Sq.	9
G	H 17	**Louis-le-Grand** Rue	2
O	L 23	**Louis-Philippe** Pass.	11
N	L 20	**Louis-Philippe** Pont	4
X	R 17	**Louise-et-Tony** Sq.	14
C	C 21	**Louisiane** Rue de la	18
S	Q 18	**Lourcine** Villa de	14
L-R	M 11	**Lourmel** Rue de	15
F	E 13	**Loutil** Pl. Monseigneur	17
S	P 16	**Louvat** Imp.	14
S	P 16	**Louvat** Villa	14
H-I	H 22	**Louvel-Tessier** Rue J.	10
G	I 18	**Louvois** Sq.	2
G	H 18	**Louvois** Rue de	2
M-N	J 18	**Louvre** Pl.	1
M	J 17	**Louvre** Quai du	1
N	J 18	**Louvre** Rue du	1
N	I 19	**Louvre** Rue du	2
K	L 9	**Louys** Rue Pierre	16
L	M 13	**Lowendal** Sq.	15
L	L 14	**Lowendal** Av.	15-7
F	I 11	**Lübeck** Rue de	16
X	R 15	**Luchaire** Rue Achille	14
Y	S 21	**Lucot** Rue Philibert	13
Q	O 8	**Lucotte** Rue du Général	15
N	J 22	**Luizet** Rue Charles	11
G	I 18	**Lulli** Rue	2
P	I 28	**Lumière** Rue Louis	20
X	R 16	**Lunain** Rue du	14
H	H 19	**Lune** Rue de la	2
D	D 25	**Lunéville** Rue de	19
R	M 10	**Luquet** Villa Jean-Baptiste	15
I	H 25	**Luquet** Sq. Alexandre	20
N	K 19	**Lutèce** Rue de	4
N-S	M 18	**Luxembourg** Jardin du	6
M	K 16	**Luynes** Sq. de	7
M	K 16	**Luynes** Rue de	7
P	I 28	**Lyanes** Villa des	20
P	I 27	**Lyanes** Rue des	20
L	K 10	**Lyautey** Rue	16
K	L 6	**Lyautey** Av. du Maréchal	16
N-O	L 22	**Lyon** Rue de	12
T	O 19	**Lyonnais** Rue des	5

M

M	L 17	**Mabillon** Rue	6
F	F 11	**Mac-Mahon** Av.	17
C	B 21	**Mac-Orlan** Pl. Pierre	18
D	B 23	**Macdonald** Bd	19
O	L 24	**Macé** Rue Jean	11
U	P 25	**Maconnais** Rue des	12
U	P 26	**Madagascar** Rue de	12
M-S	L 17	**Madame** Rue	6
G	H 16	**Madeleine** Bd de la	1-9
G	H 15	**Madeleine** Gal. de la	8
G	H 16	**Madeleine** Marché la	8
G	H 16	**Madeleine** Pass. de la	8
G	H 16	**Madeleine** Pl. de la	8
R	N 11	**Mademoiselle** Rue	15
B	D 16	**Madon** Rue du Capitaine	18
C	C 21	**Madone** Sq. de la	18
C	C 21	**Madone** Rue de la	18
G	F 15	**Madrid** Rue de	8
E	F 6	**Madrid-à-Neuilly** Piste	16
L	I 11	**Magdebourg** Rue de	16
F	H 12	**Magellan** Rue	8
T	P 19	**Magendie** Rue	13
H	H 21	**Magenta** Cité de	10
H	E 20	**Magenta** Bd de	10-9
Q	O 6	**Maginot** Rue du Sergent	16
R	N 10	**Magisson** Rue Frédéric	15
Y	R 21	**Magnan** Rue du Docteur	13
K	J 8	**Magnard** Rue Albéric	16
S	O 14	**Maignen** Rue Maurice	15
O-P	L 27	**Maigrot-Delaunay** Pass.	20
H	I 18	**Mail** Rue du	2
O	K 25	**Maillard** Rue	11
F	F 12	**Maillard** Pl. Aimé	17
I	F 26	**Maillet** Sq. Monseigneur	19

R-S	O 14	**Maillol** Rue Aristide	15
E	F 8	**Maillot** Bd	16
E	F 7	**Maillot** Villa	16
E-F	F 9	**Maillot** Porte	16-17
O	L 24	**Main-d'Or** Pass. de la	11
O	L 24	**Main-d'Or** Rue de la	11
S	P 16	**Maindron** Rue Hippolyte	14
S-X	N 15	**Maine** Av. du	14-15
S	O 15	**Maine** Rue du	14
S	M 15	**Maintenon** Al.	6
N	I 20	**Maire** Rue au	3
B-G	E 18	**Mairie** Cité de la	18
O	L 23	**Maison Brulée** Cour de la	11
Y	R 21	**Maison-Blanche** Rue de la	13
S	P 15	**Maison-Dieu** Rue	14
X	R 14	**Maistre** Av. du Général	14
B	C 17	**Maistre** Rue Joseph de	18
F	G 10	**Malakoff** Av. de	16
F	G 10	**Malakoff** Imp. de	16
F-L	I 10	**Malakoff** Villa	16
M	K 17	**Malaquais** Quai	6
L	J 13	**Malar** Rue	7
R	P 11	**Malassis** Rue	15
T	N 20	**Mâle** Pl. Emile	5
T	M 18	**Malebranche** Rue	5
A-F	E 13	**Malesherbes** Villa	17
A-G	D 13	**Malesherbes** Bd	17-8
G	F 18	**Malesherbes** Cité	9
V	N 28	**Malet** Rue Albert	12
G	F 14	**Maleville** Rue	8
N	K 21	**Malher** Rue	4
K	M 6	**Malherbe** Sq.	16
A	D 11	**Mallarmé** Av. Stéphane	17
S-X	Q 14	**Mallebay** Villa	14
K	K 7	**Mallet-Stevens** Rue	16
Q	O 7	**Malleterre** Rue du Général	16
Y	S 21	**Malmaisons** Rue des	13
O-U	M 24	**Malot** Rue Hector	12
M	J 17	**Malraux** Pl. André	1
H	I 22	**Malte** Rue de	11
O	I 26	**Malte-Brun** Rue	20
T	N 20	**Malus** Rue	5
N	I 19	**Mandar** Rue	2
L	I 9	**Mandel** Av. Georges	16
T	P 20	**Manet** Rue Edouard	13
L	K 10	**Mangin** Av. du Général	16
B	B 15	**Manhès** Rue du Colonel	17
D-I	E 26	**Manin** Rue	19
D-I	E 26	**Manin** Villa	19
U	Q 24	**Mann** Rue Thomas	13
F	E 10	**Manoir** Av. Yves-du	17
G	E 17	**Mansart** Rue	9
K-L	J 9	**Manuel** Villa Eugène	16
G-H	F 18	**Manuel** Rue	9
K-L	J 9	**Manuel** Rue Eugène	16
L	I 12	**Manutention** Rue de la	16
Q	O 7	**Maquet** Rue Auguste	16
J	F 28	**Maquis du Vercors** Pl. du	19-20
P	M 28	**Maraîchers** Rue des	20
H	H 21	**Marais** Pass. des	10
E	G 9	**Marbeau** Rue	16
E	G 9	**Marbeau** Bd	16
F	H 13	**Marbeuf** Rue	8
B-C	C 16	**Marcadet** Rue	18
F-L	G 12	**Marceau** Av.	16-8
I	F 26	**Marceau** Villa	19
O	K 23	**Marcès** Villa	11
I	E 26	**Marchais** Rue des	19
J-P	I 27	**Marchal** Rue du Capitaine	20
T	Q 18	**Marchand** Pass. Victor	13
F	G 10	**Marchand** Rue du Cdt	16
H	H 21	**Marché** Pass. du	10
N	K 21	**Mar. Blanc Manteaux** Rue du	4
T	O 20	**Marché Patriarches** Rue	5
T	O 20	**Marché-aux-Chevaux** Imp.	5
N	L 19	**Marché-Neuf** Quai du	4
B	C 17	**Marché-Ordener** Rue	18
O	I 23	**Marché-Popincourt** Rue	11
G-M	I 17	**Marché-Saint-Honoré** Rue	1
G-M	I 17	**Marché-Saint-Honoré** Pl.	1

Plan		Rues / Streets	Ar.
N	K 21	**Marché-Ste-Catherine** Pl. du	4
S	N 18	**Marco-Polo** Jardin	6
I	H 25	**Mare** Imp. de la	20
I	G 25	**Mare** Rue de la	20
M	J 18	**Marengo** Rue de	1
R	P 12	**Marette** Pl. Jacques	15
J	I 28	**Marey** Villa Etienne	20
J	H 28	**Marey** Rue Etienne	20
X	R 16	**Marguerin** Rue	14
F	F 12	**Margueritte** Rue	17
L	K 12	**Margueritte** Av. du Général	7
V	N 28	**Marguettes** Rue des	12
R	O 10	**Maridor** Rue Jean	15
X	R 17	**Marie** Rue Rose	14
B	B 15	**Marie** Cité	17
N	L 21	**Marie** Pont	4
H	G 18	**Marie** Rue Geoffroy	9
H	H 22	**Marie et Louise** Rue	10
X	R 16	**Marié-Davy** Rue	14
N	M 19	**Mariette** Sq. Fr.-Auguste	5
F	H 13	**Marignan** Pass.	8
F	H 13	**Marignan** Rue de	8
G	H 15	**Marigny** Av. de	8
C-H	E 21	**Marillac** Sq. Louise-de	18
S	N 18	**Marin** Pl. Louis	5
R	P 10	**Marin La Meslée** Sq.	15
X	R 14	**Mariniers** Rue des	14
L	K 12	**Marinoni** Rue	7
B-G	E 15	**Mariotte** Rue	17
G	H 18	**Marivaux** Rue de	2
R	O 12	**Marmontel** Rue	15
T	P 20	**Marmousets** Rue des	13
D	C 25	**Marne** Quai de la	19
D	D 24	**Marne** Rue de la	19
C	D 22	**Maroc** Imp. du	19
C	D 22	**Maroc** Pl. du	19
C	D 22	**Maroc** Rue du	19
I	H 25	**Maronites** Rue des	20
F	H 12	**Marot** Rue Clément	8
P	K 28	**Marquet** Rue Albert	20
E	G 7	**Marronniers** Al. des	16
K	K 9	**Marronniers** Rue des	16
D	D 26	**Marseillaise** Rue de la	19
H	H 21	**Marseille** Rue de	10
G	I 17	**Marsollier** Rue	2
V	M 27	**Marsoulan** Rue	12
C	A 21	**Marteau** Imp.	18
H	G 20	**Martel** Rue	10
BG	E 15	**Martel** Pass. du Cdt Ch.	17
G	E 15	**Martel** Pass. du Cdt Ch.	10
E-F	G 9	**Martel** Bd Thierry de	16
L	J 10	**Marti** Pl. José	16
M	K 15	**Martignac** Cité	7
M	K 15	**Martignac** Rue de	7
K	I 9	**Martin** Av. Henri	16
K	K 8	**Martin** Rue Marietta	16
B	C 18	**Martinet** Rue Achille	18
H	H 20	**Martini** Imp.	10
C	C 21	**Martinique** Rue de la	18
B	B 16	**Marty** Imp.	17
G	E 18	**Martyrs** Rue des	18-9
L	K 10	**Mart. Juifs Vélo. Hiver** Pl. des	15
K	J 8	**Maspéro** Rue	16
A	D 12	**Massard** Av. Emile et A.	17
X	T 17	**Masse** Av. Pierre	14
G	F 17	**Massé** Rue Victor	9
Y-Z	R 25	**Masséna** Bd	13
Z	R 23	**Masséna** Sq.	13
K	K 9	**Massenet** Rue	16
M	M 14	**Masseran** Rue	7
U	P 27	**Massif-Central** Sq.	12
N	L 20	**Massillon** Rue	4
Y	Q 20	**Masson** Pl. André	13
C	B 20	**Massonnet** Imp.	18
S	N 14	**Mathieu** Imp.	15
D	C 23	**Mathis** Rue	19
G	G 15	**Mathurins** Rue des	8-9
G	H 14	**Matignon** Av.	8

Plan		Rues / Streets	Ar.
I-O	I 26	**Matisse** Pl. Henri	20
N	L 19	**Maubert** Imp.	5
N	M 19	**Maubert** Pl.	5
H	E 20	**Maubeuge** Rue de	10-9
H	F 19	**Maubeuge** Sq. de	9
R	O 12	**Maublanc** Rue	15
N	I 19	**Mauconseil** Rue	1
X	R 15	**Maud'Huy** Rue du Gal de	14
K	J 7	**Maunoury** Av. du Maréchal	16
K	J 8	**Maupassant** Rue Guy-de	16
N	J 20	**Maure** Pass. du	3
T	N 21	**Maurel** Pass.	5
U	P 23	**Mauriac** Quai François	13
E	F 9	**Maurois** Bd André	16
N	K 20	**Mauvais-Garçons** Rue des	4
P	K 28	**Mauves** Al. des	20
J	F 28	**Mauxins** Pass. des	19
R	O 11	**Mawas** Rue Jacques	15
G	E 17	**Max** Pl. Adolphe	9
A	D 12	**Mayenne** Sq. de la	17
S	M 15	**Mayet** Rue	6
H	F 19	**Mayran** Rue	9
Y	T 19	**Mazagran** Av. de	14
H	H 20	**Mazagran** Rue de	10
M	K 18	**Mazarine** Rue	6
T	M 22	**Mazas** Pl.	12
T	M 22	**Mazas** Voie	12
M	L 18	**Mazet** Rue André	6
D-I	E 24	**Meaux** Rue de	19
S-T	P 18	**Méchain** Rue	14
F	F 13	**Médéric** Rue	17
M-S	M 18	**Médicis** Rue de	6
N	K 18	**Mégisserie** Quai de la	1
G	I 17	**Méhul** Rue	2
R	N 12	**Meilhac** Rue	15
F	E 13	**Meissonnier** Rue	17
K	K 5	**Mélèzes** Rue rond des	16
V	O 28	**Mélies** Sq. Georges	12
I	G 25	**Mélingue** Rue	19
I	E 23	**Melun** Pass. de	19
I	F 24	**Ménans** Rue Jean	19
Q-R	M 9	**Ménard** Rue du Capitaine	15
G	H 18	**Ménars** Rue	2
P	K 28	**Mendelssohn** Rue	20
A	D 11	**Mendès** Rue Catulle	17
N	J 20	**Ménétriers** Pass. des	3
E	H 9	**Ménier** Rue Emile	16
O	I 24	**Ménilmontant** Pass. de	11
O	I 24	**Ménilmontant** Bd de	11-20
I	H 25	**Ménilmontant** Pl. de	20
I	H 26	**Ménilmontant** Sq. de	20
I	H 27	**Ménilmontant** Rue de	20
W	Q 12	**Mercié** Rue Antonin	15
Q-R	N 10	**Mercier** Rue Sébastien	15
G	F 16	**Mercier** Rue Cardinal	9
O	K 24	**Mercœur** Rue	11
P	L 28	**Méribelle** Pl. Marie-de	20
E	H 9	**Mérimée** Rue	16
V	N 28	**Merisiers** Sentier des	12
O	J 25	**Merlin** Rue	11
G-F	H 14	**Mermoz** Rue Jean	8
A	E 11	**Merrill** Pl. Stuart	17
T	Q 20	**Méry** Rue Paulin	13
Q	N 6	**Meryon** Rue	16
H	H 20	**Meslay** Rue	3
H	H 21	**Meslay** Pass.	3
F	H 10	**Mesnil** Rue	16
C	B 18	**Messager** Rue André	18
H	G 19	**Messageries** Rue des	10
U	Q 24	**Messiaen** Rue Olivier	13
U	Q 24	**Messiaen** Rue Olivier	12
V	O 27	**Messidor** Rue	12
S	P 18	**Messier** Rue	14
V	O 28	**Messimy** Av. du Général	12
F	F 14	**Messine** Av. de	8
F	G 14	**Messine** Rue de	8
T	P 21	**Mesureur** Sq. Gustave	13
I	G 25	**Métairie** Cour de la	20

O	J 25	**Métivier** Pl. Auguste	20
B	D 17	**Métivier** Rue Juste	18
I	G 26	**Métra** Villa Olivier	20
I	G 26	**Métra** Rue Olivier	20
D	C 25	**Metz** Quai de	19
H	H 20	**Metz** Rue de	10
J	H 28	**Meunier** Rue Stanislas	20
U	P 26	**Meuniers** Rue des	12
J	G 28	**Meurice** Rue Paul	20
D	D 24	**Meurthe** Rue de la	19
F-L	I 10	**Mexico** Pl. de	16
Q	O 6	**Meyer** Villa Emile	16
G	H 17	**Meyerbeer** Rue	9
I	E 24	**Meynadier** Rue	19
M	M 17	**Mézières** Rue de	6
Y	R 19	**Michal** Rue	13
Q	O 6	**Michaux** Pl. du Dr Paul	16
Y	R 20	**Michaux** Rue Henri	13
K-Q	M 7	**Michel-Ange** Rue	16
Q	O 6	**Michel-Ange** Hameau	16
K-Q	M 7	**Michel-Ange** Villa	16
D	C 23	**Michelet** Cité Edmond	19
N	J 20	**Michelet** Pl. Edmond	4
S	N 17	**Michelet** Rue	6
R	M 10	**Michels** Pl. Charles	15
G	E 17	**Midi** Cité du	18
S	O 16	**Mie** Rue Auguste	14
K	I 9	**Mignard** Rue	16
S	P 17	**Migne** Sq. de l'Abbé	14
N	K 21	**Migne** Rue de l'Abbé	4
K	M 8	**Mignet** Rue	16
M-N	L 18	**Mignon** Rue	6
L	J 10	**Mignot** Sq.	16
I	F 26	**Mignottes** Rue des	19
G	F 16	**Milan** Rue de	9
D-I	D 26	**Milhaud** Al. Darius	19
R	P 11	**Mille** Rue Pierre	15
D	D 25	**Mille** Rue Adolphe	19
K	L 8	**Milleret-de-Brou** Av.	16
K	L 8	**Millet** Rue François	16
R	O 11	**Millon** Rue Eugène	15
F	E 11	**Milne** Rue Edwards	17
B	B 16	**Milord** Imp.	18
H	F 18	**Milton** Rue	9
Y	S 19	**Mimosas** Sq. des	13
U	Q 25	**Minervois** Cour du	12
N	K 22	**Minimes** Rue des	3
R	M 13	**Miollis** Rue	15
Y	S 19	**Miomandre** Rue Francis de	13
Q	M 8	**Mirabeau** Pont	15
Q	M 8	**Mirabeau** Rue	16
Q	M 8	**Mirabeau** Pont	16
T	O 20	**Mirbel** Rue de	5
X-Y	S 18	**Mire** Al. de la	14
B	D 18	**Mire** Rue de la	18
P	K 28	**Miribel** Pl. Marie de	5
Y	S 21	**Miro** Jardin Juan	13
G	F 14	**Miromesnil** Rue de	8
N	K 20	**Miron** Rue François	4
K	L 7	**Mission-Marchand** Rue la	16
M	L 16	**Missions Etrangères** Sq. des	7
R	O 10	**Mistral** Rue Frédéric	15
R	O 10	**Mistral** Villa Frédéric	15
M	L 14	**Mithouard** Pl. du Pdt	7
S	N 14	**Mizon** Rue	15
S	Q 16	**Moderne** Villa	14
I	E 24	**Moderne** Av.	19
S	O 15	**Modigliani** Ter.	14
Q	O 9	**Modigliani** Rue	15
G	G 17	**Mogador** Rue de	9
B	C 16	**Moines** Rue des	17
H-I	G 22	**Moinon** Rue Jean	10
S	N 15	**Moisant** Rue Armand	15
L	J 13	**Moissan** Rue Henri	7
M	I 17	**Molière** Rue	1
Q	N 7	**Molière** Av.	16
N	J 20	**Molière** Pass.	3
C	D 22	**Molin** Imp.	18
Q	N 6	**Molitor** Rue	16
Q	N 6	**Molitor** Porte	16
Q	N 7	**Molitor** Villa	16
F	F 11	**Moll** Rue du Colonel	17
G	F 14	**Mollien** Rue	8
A	D 13	**Monbel** Rue de	17
G	E 15	**Monceau** Sq.	17
F	E 12	**Monceau** Villa	17
G	F 14	**Monceau** Parc de	8
F-G	F 15	**Monceau** Rue de	8
B	D 16	**Moncey** Pass.	17
G	F 16	**Moncey** Rue	9
G	G 17	**Moncey** Sq.	9
R	P 14	**Monclar** Pl. du Général	15
N	J 19	**Mondétour** Rue	1
J-P	I 28	**Mondonville** Rue	20
M	L 18	**Mondor** Pl. Henri	6
G-M	I 16	**Mondovi** Rue de	1
I	E 25	**Monet** Villa Claude	19
J	G 28	**Monet** Al. Claude	20
N-T	M 19	**Monge** Rue	5
T	N 20	**Monge** Pl.	5
V	N 29	**Mongenot** Rue	12
I	G 23	**Monjol** Rue	19
R	N 12	**Monmarchet** Pl. Hubert	15
N	J 18	**Monnaie** Rue de la	1
E	I 9	**Monnet** Pl. Jean	16
G	F 18	**Monnier** Rue Henri	9
I-O	I 25	**Monplaisir** Imp.	20
I	F 27	**Monselet** Rue Charles	19
M	L 15	**Monsieur** Rue	7
G	H 17	**Monsigny** Rue	2
O	K 27	**Monsoreau** Sq. de	20
Q	N 9	**Mont-Aigoual** Rue du	15
K	M 8	**Mont-Blanc** Sq. du	16
C	B 19	**Mont-Cenis** Pass. du	18
C	B 19	**Mont-Cenis** Rue du	18
G	E 16	**Mont-Dore** Rue du	17
O	K 25	**Mont-Louis** Imp. de	11
O	K 25	**Mont-Louis** Rue de	11
G-M	I 16	**Mont-Thabor** Rue du	1
S	N 15	**Mont-Tonnerre** Imp. du	15
T	N 20	**Montagne** Sq. Robert	5
Q	N 9	**Montagne de l'Esperou** R.	15
Q	O 9	**Montagne-d'Aulas** Rue la	15
Q	N 9	**Montagne-du-Goulet** Pl.	15
Q	O 9	**Montagne-la-Fage** Rue	15
N	M 19	**Montagne-Ste-Geneviève** R.	5
F	H 14	**Montaigne** Av.	8
M	K 16	**Montalembert** Rue	7
G	H 15	**Montalivet** Rue	8
R	P 12	**Montauban** Rue	15
X	Q 17	**Montbrun** Rue	14
S-X	Q 16	**Montbrun** Pass.	14
B	C 17	**Montcalm** Rue	18
B	C 18	**Montcalm** Villa	18
O	K 26	**Monte-Cristo** Rue	20
R-W	Q 13	**Montebello** Rue de	15
N	L 19	**Montebello** Quai de	5
W	R 13	**Monteil** Rue du Colonel	14
U-V	O 28	**Montempoivre** Porte de	12
V	O 27	**Montempoivre** Sentier	12
V	O 27	**Montempoivre** Rue de	12
I	G 27	**Montenegro** Pass. du	19
F	F 12	**Montenotte** Rue de	17
V	M 28	**Montéra** Rue	12
K	I 9	**Montespan** Av. de	16
M	J 18	**Montesquieu** Rue	1
V	P 28	**Montesquieu-Fezensac** R.	12
E	H 8	**Montevidéo** Rue de	16
M	L 17	**Montfaucon** Rue de	6
U	N 25	**Montgallet** Rue	12
U	N 25	**Montgallet** Pass.	12
H-N	I 21	**Montgolfier** Rue	3
M	J 16	**Montherland** Pl. H.	7
G	F 16	**Monthiers** Cité	9
H	G 19	**Montholon** Rue de	9
J-P	I 27	**Montibœufs** Rue des	20
X	S 16	**Monticelli** Rue	14
H-N	H 18	**Montmartre** Rue	1-2
B	B 18	**Montmartre** Porte	18
H	I 19	**Montmartre** Cité	2

Plan		**Rues** / Streets	Ar.
H	H 18	**Montmartre** Gal.	2
G-H	H 18	**Montmartre** Bd	2-9
K	M 7	**Montmorency** Villa de	16
K	M 7	**Montmorency** Av. de	16
K	K 6	**Montmorency** Bd de	16
N	J 20	**Montmorency** Rue de	3
N	I 19	**Montorgueil** Rue	1-2
S	M 15	**Montparnasse** Bd du	14
S	N 16	**Montparnasse** Rue du	14-6
S	N 16	**Montparnasse** Pass.	15
M	I 18	**Montpensier** Gal.	1
M	I 18	**Montpensier** Rue de	1
M	J 17	**Montpensier Péristyle** Rue	1
P	L 29	**Montreuil** Porte de	20
O	L 24	**Montreuil** Rue de	11
X	R 15	**Montrouge** Porte de	14
X	R 18	**Montsouris** Al. de	14
X	S 18	**Montsouris** Parc	14
X	R 17	**Montsouris** Sq. de	14
L	J 12	**Monttessuy** Rue de	7
H	G 19	**Montyon** Rue de	9
E-K	I 9	**Mony** Rue	16
B	C 15	**Môquet** Rue Guy	17
I	H 23	**Morand** Rue	11
F	G 11	**Morandat** Pl. Yvon et Cl.	17
S-X	Q 15	**Morard** Rue Louis	14
A	D 11	**Moréas** Rue Jean	17
O	L 23	**Moreau** Rue	12
I	F 23	**Moreau** Av. Mathurin	19
B	D 16	**Moreau Hégésippe** Rue	18
X	R 15	**Morère** Rue	14
I	I 24	**Moret** Rue	11
L	L 11	**Morieux** Cité	15
R	P 12	**Morillons** Rue des	15
U	O 25	**Morin** Sq. Jean	12
H-N	I 20	**Morin** Sq. du Général	3
N	L 21	**Morland** Bd	12-4
N-T	M 22	**Morland** Pont de	12-4
O	L 26	**Morlet** Imp.	11
G	F 17	**Morlot** Rue	9
N	M 22	**Mornay** Rue	4
S	P 15	**Moro-Giafferi** Pl. de	14
Y	S 19	**Morot** Rue Aimé	13
H	G 21	**Mortenol** Rue du Cdt	10
J-P	G 28	**Mortier** Bd	20
O	J 24	**Morvan** Rue du	11
Y	R 19	**Morveau** Rue Guyton de	13
G	E 15	**Moscou** Rue de	8
D-I	E 23	**Moselle** Pass. de la	19
D-I	E 23	**Moselle** Rue de la	19
B	B 17	**Moskova** Cité de la	18
Y	R 18	**Mouchez** Rue de l'Amiral	13-14
S	O 15	**Mouchotte** R. du Cdt René	14-15
T	N 19	**Mouffetard** Rue	5
T	N 19	**Mouffetard-Monge** Gal.	5
O	J 23	**Moufle** Rue	11
J	I 28	**Mouillard** Rue Pierre	20
X	R 15	**Moulin** Av. Jean	14
X	R 15	**Moulin** Sq. Jean	14
Y	R 21	**Moulin-de-la-Pointe** Rue	13
Y	S 21	**Moulin-de-la-Pointe** Jardin	13
S	P 14	**Moulin-de-la-Vierge** Rue	14
S	P 14	**Moulin-de-la-Vierge** Jardin	14
S	P 15	**Moulin-des-Lapins** Rue du	14
T-Y	Q 20	**Moulin-des-Prés** Pass. du	13
Y	Q 20	**Moulin-des-Prés** Rue du	13
I	H 24	**Moulin-Joly** Rue du	11
S-X	Q 16	**Moulin-Vert** Imp. du	14
S-X	Q 15	**Moulin-Vert** Rue du	14
Y	R 20	**Moulinet** Pass. du	13
Y	R 20	**Moulinet** Rue du	13
H.C.	I 4	**Moulins** Rte des	16
G-M	I 17	**Moulins** Rue des	1
P	M 27	**Mounet-Sully** Rue	20
P	K 28	**Mouraud** Rue	20
Y	Q 21	**Moureu** Rue Charles	13
I	F 27	**Mourlon** Rue Frédéric	19
U	M 26	**Mousset** Imp.	12
V	N 27	**Mousset** Rue Robert	12
C	B 22	**Moussorgsky** Rue	18
N	K 20	**Moussy** Rue de	4
R	O 11	**Mouthon** Rue François	15
S	P 16	**Mouton-Duvernet** Rue	14
I	F 25	**Mouzaïa** Rue de	19
U	N 25	**Moynet** Cité	12
K	K 8	**Mozart** Av.	16
K	K 8	**Mozart** Sq.	16
K	L 8	**Mozart** Villa	16
K	K 8	**Muette** Chaussée de la	16
K	J 7	**Muette** Porte de la	16
E-K	F 6	**Muette-à-Neuilly** Rte la	16
Q	O 7	**Mulhouse** Villa	16
H	H 19	**Mulhouse** Rue de	2
C	D 19	**Muller** Rue	18
R	M 14	**Mulot** Pl. Georges	15
L	I 11	**Mun** Av. Albert-de	16
Q	M 6	**Murat** Bd	16
Q	O 7	**Murat** Villa	16
F	G 13	**Murat** Rue Louis	8
I	F 23	**Murger** Rue Henri	19
O	I 25	**Mûriers** Jardin des	20
O	I 26	**Mûriers** Rue des	20
F	F 13	**Murillo** Rue	8
Q	N 7	**Musset** Rue Alfred de	16
N	M 20	**Mutualité** Sq. de la	5
Q	N 9	**Myionnet** Rue Clément	15
C	D 20	**Myrha** Rue	18
		N	
B	C 15	**Naboulet** Imp.	17
O	I 26	**Nadaud** Pl. Martin	20
K	J 8	**Nadaud** Rue Gustave	16
H	H 21	**Nancy** Rue de	10
O	I 24	**Nanettes** Rue des	11
X	R 17	**Nansouty** Rue	14
X	S 17	**Nansouty** Imp.	14
D	C 24	**Nantes** Rue de	19
R	P 13	**Nanteuil** Rue	15
G	F 14	**Naples** Rue de	8
M	J 17	**Napoléon** Cour	1
H	F 20	**Napoléon-III** Pl.	10
M	L 16	**Narbonne** Rue de	7
G	G 14	**Narvik** Pl. de	8
O-U	M 26	**Nation** Pl. de la	11-12
Y	R 22	**National** Pass.	13
Z	R 25	**National** Pont	13
T-Y	P 21	**Nationale** Rue	13
Y	R 22	**Nationale** Imp.	13
T-Y	Q 22	**Nationale** Pl.	13
L	J 10	**Nations-Unies** Av. des	16
U	P 25	**Nativité** Rue de la	12
B	D 17	**Nattier** Pl.	18
G	F 18	**Navarin** Rue de	9
Y	Q 22	**Navarre** Pl. du Docteur	13
T	N 20	**Navarre** Rue de	5
N	J 19	**Navarre** Pl. Marguerite de	5
B	B 15	**Navier** Rue	17
R	O 13	**Necker** Sq.	15
N	K 21	**Necker** Rue	4
L	K 13	**Négrier** Cité du Général	7
L	L 10	**Nélaton** Rue	15
M	J 17	**Nemours** Gal. de	1
O	I 23	**Nemours** Rue de	11
B	A 17	**Nerval** Rue Gérard-de	18
M	K 18	**Nesle** Rue de	6
V	M 28	**Netter** Av. Docteur Arnold	12
M-N	K 18	**Neuf** Pont	1
M-N	K 18	**Neuf** Pont	6
O	K 24	**Neufchâteau** Rue F. de	11
E	F 6	**Neuilly** Porte de	16
E	F 9	**Neuilly** Av. de	16-17
C	B 19	**Neuve de la Chardonnière** R.	18
R	N 12	**Neuve du Théâtre** Rue	15
U	Q 23	**Neuve Tolbiac** Rue	13
O	L 25	**Neuve-des-Boulets** Rue	11

O	I 23	**Neuve-Popincourt** Rue	11
N	L 21	**Neuve-Saint-Pierre** Rue	4
A	D 12	**Neuville** Rue Alphonse de	17
F	F 12	**Néva** Rue de la	8
M	K 18	**Nevers** Imp. de	6
M	K 18	**Nevers** Rue de	6
C	A 19	**Neveu** Rue Ginette	18
L	I 12	**New-York** Av. de	16
F	H 12	**Newton** Rue	16
B-C	B 17	**Ney** Bd	18
A-F	E 13	**Nicaragua** Pl. du	17
O	K 25	**Nice** Rue de	11
U	P 26	**Nicolaï** Rue	12
P	K 28	**Nicolas** Rue	20
B	D 15	**Nicolay** Sq.	17
S	N 18	**Nicole** Rue Pierre	5
C	D 19	**Nicolet** Rue	18
U	N 25	**Nicolle** Rue Charles	12
K-L	J 9	**Nicolo** Rue	16
K	K 9	**Nicolo** Hameau	16
L	J 13	**Nicot** Pass. Jean	7
L	J 13	**Nicot** Rue Jean	7
F	E 12	**Niel** Av.	17
F	F 12	**Niel** Villa	17
S	P 15	**Niepce** Rue	14
P	M 28	**Niessel** Rue du Général	20
Y-Z	R 23	**Nieuport** Villa	13
V	N 28	**Niger** Rue du	12
N	K 19	**Nijinski** Al.	4
L-R	M 13	**Nikis** Rue Mario	15
H	I 19	**Nil** Rue du	2
Q	O 7	**Niox** Rue du Général	16
E	G 9	**Noailles** Sq. Anna de	16
B-C	D 18	**Nobel** Rue	18
L	L 10	**Nocard** Rue	15
C-H	E 19	**Nodier** Rue Charles	18
N	J 20	**Noël** Cité	3
W	R 13	**Noguès** Sq. Maurice	14
W	R 13	**Noguès** Rue Maurice	14
I	E 23	**Nohain** Rue Jean	19
E	H 9	**Noisiel** Rue de	16
J	G 29	**Noisy-le-Sec** Rue de	20
B-G	D 15	**Nollet** Rue	17
B	D 15	**Nollet** Sq.	17
B	C 18	**Nollez** Cité	18
O	L 23	**Nom-de-Jésus** Cour du	11
N	L 21	**Nonnains-d'Hyères** Rue	4
D-I	C 24	**Nord** Pass. du	19
C	C 19	**Nord** Rue du	18
T	P 18	**Nordmann** Rue L. M.	13
N	I 22	**Normandie** Rue de	3
B	D 18	**Norvins** Rue	18
N	K 19	**Notre-Dame** Pont	4
G-H	H 18	**Notre-Dame des Victoires** R.	2
H	H 19	**N-Dame-Bonne-Nouvelle** R.	2
G	F 17	**Notre-Dame-de-Lorette** R.	9
H	I 20	**N-Dame-de-Nazareth** R.	3
H	H 19	**N-Dame-de-Recouvrance** R.	2
S	M 16	**N-Dame-des-Champs** R.	6
D	D 25	**Nouveau Conservatoire** Av. du	19
I	I 24	**Nouveau-Belleville** Sq.	20
F	G 12	**Nouvelle** Villa	8
V	O 28	**Nouvelle-Calédonie** R. la	12
S	Q 15	**Noyer** Rue Olivier	14
D	D 27	**Noyer Durand** Rue du	19
Q	N 5	**Nungesser-et-Coli** Rue	16
J	H 28	**Nymphéas** Villa des	20

O

I-N-O	I 24	**Oberkampf** Rue	11
S	N 18	**Observatoire** Av. de l'	14-5
X	R 14	**Ocagne** Av. Maurice-d'	14
M	N 18	**Odéon** Car. de l'	6
M	M 18	**Odéon** Pl. de l'	6
M	L 18	**Odéon** Rue de l'	6
S	N 16	**Odessa** Rue d'	14
F	G 13	**Odiot** Cité	8
A	E 10	**Oestreicher** Rue Jean	17
K	K 8	**Offenbach** Rue Jacques	16
D	C 25	**Oise** Quai de l'	19
D	D 24	**Oise** Rue de l'	19
N	J 21	**Oiseaux** Rue des	3
K	M 7	**Olchanski** R. du Capitaine	16
R	P 11	**Olier** Rue	15
C	D 21	**Olive** Rue l'	18
M	M 15	**Olivet** Rue d'	7
Y	R 20	**Onfroy** Imp.	13
H	G 21	**Onze-Novembre-1918** Pl. du	10
G-M	H 17	**Opéra** Av. de l'	1-2
G	H 17	**Opéra** Pl. de l'	2-9
R	Q 10	**Oradour-sur-Glane** Rue d'	15
C	D 20	**Oran** Rue d'	18
M	J 18	**Oratoire** Rue de l'	1
B	D 18	**Orchampt** Rue d'	18
Y	S 19	**Orchidées** Rue des	13
B-C	C 17	**Ordener** Rue	18
B-C	C 18	**Ordener** Villa	18
N	K 18	**Orfèvres** Quai des	1
N	K 19	**Orfèvres** Rue des	1
I-O	H 27	**Orfila** Rue	20
I-O	I 26	**Orfila** Imp.	20
H	H 21	**Orgues** Pass. des	3
D	D 23	**Orgues-de-Flandre** Al.	19
I	H 23	**Orillon** Rue de l'	11
X	S 16	**Orléans** Porte d'	14
S	Q 16	**Orléans** Portique d'	14
S-X	Q 16	**Orléans** Villa d'	14
N	L 20	**Orléans** Quai d'	4
G	F 17	**Orléans** Sq. d'	9
I	F 27	**Orme** Rue de l'	19
O	L 27	**Ormeaux** Sq. des	20
O	L 27	**Ormeaux** Rue des	20
N	K 21	**Ormesson** Rue d'	4
C	B 19	**Ornano** Bd	18
C	C 19	**Ornano** Sq.	18
C	B 19	**Ornano** Villa	18
L-M	J 13	**Orsay** Quai d'	7
H	E 18	**Orsel** Cité d'	18
H	E 18	**Orsel** Rue d'	18
O	K 27	**Orteaux** Imp. des	20
O-P	K 26	**Orteaux** Rue des	20
T	N 19	**Ortolan** Rue	5
T	N 20	**Ortolan** Sq.	5
B	C 16	**Oslo** Rue d'	18
I-J	G 27	**Otages** Villa des	20
I	H 24	**Ottoz** Villa	20
G	G 17	**Oudin** Pl. Adrien	9
Z	R 23	**Oudiné** Rue Eugène	13
M	L 15	**Oudinot** Rue	7
M	L 15	**Oudinot** Imp.	7
V	O 28	**Oudot** Rue du Colonel	12
T	O 20	**Oudry** Rue	13
L	M 12	**Ouessant** Rue d'	15
S	O 15	**Ouest** Rue de l'	14
D	C 25	**Ourcq** Gal. de l'	19
D	C 23	**Ourcq** Rue de l'	19
O	L 23	**Ours** Cour de l'	11
N	J 20	**Ours** Rue aux	3
S	N 16	**Ozanam** Pl.	6
S	N 16	**Ozanam** Sq.	6

P

O	K 24	**Pache** Rue	11
K	L 6	**Padirac** Sq. de	16
R	P 11	**Pado** Rue Dominique	15
P	L 28	**Paganini** Rue	20
G	G 15	**Pagnol** Sq. Marcel	8
I	F 23	**Pailleron** Rue Edouard	19
T	M 18	**Paillet** Rue	5
N	M 19	**Painlevé** Sq. Paul	5
G	H 17	**Paix** Rue de la	2
C	C 21	**Pajol** Rue	18
K	K 8	**Pajou** Rue	16
N	K 19	**Palais** Bd du	1-4
M	J 15	**Palais-Bourbon** Pl. du	7
M	I 18	**Palais-Royal** Jardin du	1
M	J 18	**Palais-Royal** Pl. du	1
I	G 25	**Palais-Royal-Belleville** Cité	19

Plan		Rues / Streets	Ar.
M	L 17	**Palatine** Rue	6
I	G 25	**Palestine** Rue de	19
H-N	I 20	**Palestro** Rue de	2
I	H 24	**Pali-Kao** Rue de	20
M	L 17	**Palissy** Rue Bernard	6
C	D 20	**Panama** Rue de	18
T	O 21	**Panhard** Rue René	13
U-Z	Q 24	**Panhard-et-Levassor** Quai	13
O	L 23	**Panier-Fleuri** Cour du	11
G-H	H 18	**Panoramas** Pass. des	2
G-H	H 18	**Panoramas** Rue des	2
I-O	I 25	**Panoyaux** Imp. des	20
I	I 24	**Panoyaux** Rue des	20
T	M 19	**Panthéon** Pl. du	5
D	D 26	**Pantin** Porte de	19
Y	R 20	**Pape** Rue Henri	13
M	L 17	**Pape Carpentier** Rue	6
H	G 19	**Papillon** Rue	9
H	I 20	**Papin** Rue	3
I-J	H 27	**Paquelin** Rue du Docteur	20
H	G 19	**Paradis** Cité	10
H	G 19	**Paradis** Rue de	10
W	R 13	**Paradol Prévost** Rue	14
E	H 9	**Paraguay** Pl. du	16
A	D 13	**Paray** Sq. Paul	17
H.C.	R 29	**Parc** Rte du	12
I	G 24	**Parc** Villa du	19
P	J 27	**Parc-de-Charonne** Chem.	20
Y	R 21	**Parc-de-Choisy** Al. du	13
X	S 17	**Parc-de-Montsouris** Villa	14
X	S 17	**Parc-de-Montsouris** Rue	14
L	K 10	**Parc-de-Passy** Av. du	16
Q	N 6	**Parc-des-Princes** Av. du	16
N	K 21	**Parc-Royal** Rue du	3
N-O	L 23	**Parchappe** Cité	11
N	L 19	**Parcheminerie** Rue de la	5
H	E 20	**Paré** Rue Ambroise	10
Q	O 6	**Parent-de-Rosan** Rue	16
G	F 16	**Parme** Rue de	9
H-O	H 22	**Parmentier** Av.	10-11
S	N 16	**Parnassiens** Gal. des	14
F	G 9	**Parodi** Sq. Alex. et René	16
H	F 22	**Parodi** Rue Alexandre	10
U	M 23	**Parrot** Rue	12
O	I 25	**Partants** Rue des	20
D	B 25	**Parvis** Pl. du	19
C	E 18	**Parvis du Sacré-Cœur** Pl. du	18
N	K 22	**Pas de la Mule** Rue du	3-4
T	O 20	**Pascal** Rue	13-5
K	J 8	**Pascal** Rue André	16
N	J 22	**Pasdeloup** Pl.	11
V	P 28	**Pasquier** Sq. Pierre	12
G	G 16	**Pasquier** Rue	8
K	K 9	**Passy** Pl. de	16
K	K 7	**Passy** Porte de	16
K-L	K 10	**Passy** Rue de	16
O	J 23	**Pasteur** Rue	11
R-S	N 13	**Pasteur** Bd	15
R-S	N 14	**Pasteur** Sq.	15
N	J 21	**Pastourelle** Rue	3
Z	Q 22	**Patay** Rue de	13
K	M 8	**Paté** Sq. Henry	16
P	M 28	**Patenne** Sq.	20
H	E 20	**Patin** Rue Guy	10
T	O 19	**Patriarches** Pass. des	5
T	N 20	**Patriarches** Rue des	5
F	G 10	**Patton** Pl. du Général	16
B-C	D 18	**Patureau** Rue de l'Abbé	18
K	M 8	**Pâtures** Rue des	16
R-W	Q 13	**Paturle** Rue	14
A	C 13	**Paul** Rue Marcel	17
L	J 11	**Paulhan** Al. Jean	7
S	Q 14	**Pauly** Rue	14
N	K 21	**Pavée** Rue	4
E	G 9	**Pavillon d'Armenonville** Ch. d.	16
F	E 10	**Pavillons** Av. des	17
B	B 18	**Pavillons** Imp. des	18
I	H 26	**Pavillons** Rue des	20

Plan		Rues / Streets	Ar.
R-S	O 14	**Payen** Rue Anselme	15
N	K 21	**Payenne** Rue	3
Y-Z	S 23	**Péan** Rue	13
B	C 16	**Pécaut** Rue Félix	17
R	N 12	**Péclet** Rue	15
N	J 20	**Pecquay** Rue	4
B	D 18	**Pecqueur** Pl. Constantin	18
Q	P 7	**Pégoud** Rue	15
V	O 28	**Péguy** Sq. Charles	12
S	N 16	**Péguy** Rue	6
N	I 20	**Peintres** Imp. des	2
I	H 24	**Pékin** Pass. de	20
N-O	J 22	**Pelée** Rue	11
B	C 15	**Pélerin** Imp. du	17
M	J 18	**Pélican** Rue du	1
I-P	G 27	**Pelleport** Rue	20
I	G 26	**Pelleport** Villa	20
S	P 16	**Pelletan** Rue Eugène	14
B	B 16	**Pelloutier** Rue Fernand	17
G	F 15	**Pelouze** Rue	8
J	H 28	**Penaud** Rue Alphonse	20
C	B 18	**Penel** Pass.	18
U	M 26	**Pensionnat** Rue du	12
G	G 15	**Penthièvre** Rue de	8
G	G 15	**Pépinière** Rue de la	8
S	O 15	**Perceval** Rue de	14
K	M 7	**Perchamps** Rue des	16
N	J 21	**Perche** Rue du	3
G	G 14	**Percier** Av.	8
H	E 21	**Perdonnet** Rue	10
O	I 27	**Père Lachaise** Av. du	20
J-P	I 28	**Perec** Rue Georges	20
A-F	D 14	**Péreire-Nord** Bd	17
A-F	D 14	**Péreire-Sud** Bd	17
Y	T 19	**Pergaud** Rue Louis	13
F	G 10	**Pergolèse** Rue	16
G	G 16	**Péri** Pl. Gabriel	8
R	Q 12	**Périchaux** Rue des	15
R	Q 12	**Périchaux** Sq. des	15
M	K 15	**Périer** Rue Casimir	7
R	M 13	**Pérignon** Rue	15-7
P	K 28	**Périgord** Sq. du	20
D-I	E 26	**Périgueux** Rue de	19
N	J 21	**Perle** Rue de la	3
N	K 19	**Pernelle** Rue	4
R	N 11	**Pernet** Pl. Etienne	15
I	G 23	**Pernette du Guillec** Al.	19
S	P 14	**Pernety** Rue	14
F	G 13	**Pérou** Pl. du	8
M-N	J 18	**Perrault** Rue	1
N	I 21	**Perrée** Rue	3
Y	R 21	**Perret** Rue Auguste	13
J	I 27	**Perreur** Pass.	20
J	H 28	**Perreur** Villa	20
K	M 8	**Perrichont** Av.	16
A	D 11	**Perrier** Rue	17
M	K 17	**Perronet** Rue	7
S	P 16	**Perroy** Pl. Gilbert	14
C	D 19	**Pers** Imp.	18
F	E 10	**Pershing** Bd	17
T	N 20	**Pestalozzi** Rue	5
R	N 12	**Petel** Rue	15
T	O 20	**Peter** Rue Michel	13
F	E 10	**Péterhof** Av. de	17
B	C 16	**Petiet** Rue	17
I	F 27	**Pétin** Imp.	19
O	J 24	**Pétion** Rue	11
O	L 25	**Petit** Imp. Charles	11
D-I	D 26	**Petit** Rue	19
F	E 10	**Petit de Julleville** Sq. du C.	17
B	C 15	**Petit-Cerf** Pass.	17
T	P 21	**Petit-Modèle** Imp. du	13
T	O 20	**Petit-Moine** Rue du	5
N	L 21	**Petit-Musc** Rue du	4
N	L 19	**Petit-Pont** Pl. du	5
N	L 19	**Petit-Pont** Rue du	5
Q	P 6	**Petite-Arche** Rue de la	16
M	L 17	**Petite-Boucherie** Pass.	6

O	K 25	**Petite-Pierre** Rue de la	11
N	J 19	**Petite-Truanderie** Rue la	1
O	I 23	**Petite-Voirie** Pass. de la	11
H	G 20	**Petites-Ecuries** Cour des	10
H	G 20	**Petites-Ecuries** Pass. des	10
H	G 19	**Petites-Ecuries** Rue des	10
I	G 26	**Petitot** Rue	19
G	I 17	**Petits Champs** Rue des	1-2
H	H 19	**Petits-Carreaux** Rue des	2
H	F 20	**Petits-Hôtels** Rue des	10
G	I 18	**Petits-Pères** Pass. des	2
G-H	I 18	**Petits-Pères** Pl. des	2
G	I 18	**Petits-Pères** Rue des	2
D	C 27	**Petits-Ponts** Rte des	19
L	J 10	**Pétrarque** Rue	16
L	J 10	**Pétrarque** Sq.	16
H	F 19	**Pétrelle** Rue	9
H	F 19	**Pétrelle** Sq.	9
A	D 11	**Peugeot** Rue du Caporal	17
Y	R 20	**Peupliers** Sq. des	13
K	M 7	**Peupliers** Av. des	16
Y	R 20	**Peupliers** Rue des	13
O	K 25	**Phalsbourg** Cité de	11
F	E 13	**Phalsbourg** Rue de	17
P	L 28	**Philidor** Rue	20
E-K	I 8	**Philipe** Rue Gérard	16
O	K 25	**Philippe-Auguste** Av.	11
O	L 26	**Philippe-Auguste** Pass.	11
P	I 27	**Piaf** Pl. Edith	20
I	G 24	**Piat** Rue	20
I	H 25	**Piat** Pass.	20
Q	N 9	**Pic-de-Barette** Rue du	15
I	H 24	**Picabia** Rue Francis	20
C-H	E 19	**Picard** Rue Pierre	18
N	I 21	**Picardie** Rue de	3
S	N 16	**Picasso** Pl. Pablo	14-6
F	G 10	**Piccini** Rue	16
U	P 26	**Pichard** Rue Jules	12
F	G 10	**Pichat** Rue Laurent	16
T	P 21	**Pichon** Av. Stephen	13
F	H 10	**Picot** Rue	16
U-V	M 27	**Picpus** Rue boulevard de	12
U-V	M 26	**Picpus** Rue de	12
G	E 18	**Piémontési** Rue	18
M	K 18	**Pierné** Sq. Gabriel	6
H	H 22	**Pierre Levée** Rue de la	11
F-L	H 12	**Pierre Premier de Serbie** Av.	16-8
F	F 12	**Pierre-le-Grand** Rue	8
Q	N 9	**Piet-Mondrian** Rue	15
G	E 18	**Pigalle** Rue	9
G	F 17	**Pigalle** Cité	9
G	E 18	**Pigalle** Pl.	9
O	J 23	**Pihet** Rue	11
K	J 8	**Pilâtre-de-Rozier** Al.	16
G	G 17	**Pillet-Will** Rue	9
B	D 16	**Pilleux** Cité	18
B-G	E 17	**Pilon** Cité Germain	18
B-G	E 17	**Pilon** Rue Germain	18
W	R 12	**Pinard** Bd Adolphe	14
T	P 21	**Pinel** Rue	13
T	P 21	**Pinel** Pl.	13
I	E 25	**Pinot** Rue Gaston	19
K	J 7	**Pins** Rte des	16
H.C.	N 4	**Pins** Rue des	16
I	E 25	**Pinton** Rue François	19
S	Q 15	**Piobetta** Pl. du Lt Stéphane	14
T	O 21	**Pirandello** Rue	13
U	P 25	**Pirogues-de-Bercy** Rue	12
A	D 13	**Pisan** Rue Christine-de	17
A	D 12	**Pissarro** Rue	17
R	P 14	**Pitard** Rue Georges	15
A	D 12	**Pitet** Rue Raymond	17
I	H 23	**Piver** Imp.	11
I	H 23	**Piver** Pass.	11
I	G 26	**Pixérécourt** Rue	20
I	H 26	**Pixérécourt** Imp.	20
H.C.	R 28	**Plaine** Rte de la	12
W	Q 14	**Plaine** Porte de la	15
P	L 28	**Plaine** Rue de la	20
R	Q 11	**Plaisance** Porte de	15
S	P 15	**Plaisance** Rue de	14
I-J	H 27	**Planchart** Pass.	20
O	K 26	**Planchat** Rue	20
U	O 25	**Planchette** Ruelle de la	12
H	H 20	**Planchette** Imp. de la	3
B-G	E 17	**Planquette** Rue Robert	18
S	Q 15	**Plantes** Villa des	14
S-X	Q 16	**Plantes** Rue des	14
I	H 25	**Plantin** Pass.	20
N	J 19	**Plat-d'Etain** Rue du	1
G	E 17	**Platanes** Villa des	18
I	F 25	**Plateau** Pass. du	19
I	F 24	**Plateau** Rue du	19
R-S	O 14	**Platon** Rue	15
N	J 20	**Plâtre** Rue du	4
I	I 25	**Plâtrières** Rue des	20
L	L 13	**Play** Av. Frédéric-Le	7
R	O 10	**Plélo** Rue de	15
U	O 25	**Pleyel** Rue	12
O	J 25	**Plichon** Rue	11
R	O 13	**Plumet** Rue	15
I	F 23	**Poë** Rue Edgar	19
QK	M 5	**Poètes** Jardin des	16
F-L	H 10	**Poincaré** Av. Raymond	16
K	L 8	**Poincaré** Av. Recteur	16
I-J	H 27	**Poincaré** Rue	20
S	N 16	**Poinsot** Rue	14
K	I 5	**Point du Jour à Bagatelle** Rte	16
F	H 13	**Point-Show** Gal.	8
O-P	K 27	**Pointe** Sentier de la	20
Y	R 22	**Pointe-d'Ivry** Rue de la	13
R	N 13	**Poirier** Villa	15
X	R 16	**Poirier de Narçay** Rue du	14
F	F 10	**Poisson** Rue Denis	17
N	K 21	**Poissonnerie** Imp. de la	4
C-H	E 20	**Poissonnière** Villa	18
H	H 19	**Poissonnière** Rue	2
H	H 19	**Poissonnière** Bd	2-9
C	B 20	**Poissonniers** Porte des	18
C	B 20	**Poissonniers** Rue des	18
N	M 20	**Poissy** Rue de	5
N	L 18	**Poitevins** Rue des	6
I	G 24	**Poitiers** Al. Diane de	19
M	K 16	**Poitiers** Rue de	7
N	J 21	**Poitou** Rue de	3
B	C 18	**Pôle-Nord** Rue du	18
T	O 21	**Poliveau** Rue	5
E	H 8	**Pologne** Av. de	16
C	E 20	**Polonceau** Rue	18
E	H 9	**Pomereu** Rue de	16
U	O 24	**Pommard** Rue de	12
F-K	H 10	**Pompe** Rue de la	16
N	K 18	**Pompidou** Voie Georges	1-4
L-Q	K 10	**Pompidou** Voie Georges	16
N	J 20	**Pompidou** Pl. Georges	4
H	I 20	**Ponceau** Pass. du	2
H-N	I 20	**Ponceau** Rue du	2
F	F 12	**Poncelet** Rue	17
F	F 12	**Poncelet** Pass.	17
L	L 12	**Pondichéry** Rue de	15
I	E 26	**Ponge** Rue Francis	19
U-V	P 28	**Poniatowski** Bd	12
K	J 8	**Ponsard** Rue François	16
Y	R 22	**Ponscarme** Rue	13
B	B 16	**Pont-à-Mousson** Rue de	17
H	I 21	**Pont-aux-Biches** Pass. du	3
N	J 22	**Pont-aux-Choux** Rue du	3
N	K 18	**Pont-de-Lodi** Rue du	6
N	K 20	**Pont-Louis-Philippe** Rue	4
Q	M 9	**Pont-Mirabeau** Rd-Pt du	15
M-N	K 18	**Pont-Neuf** Pl. du	1
M-N	J 19	**Pont-Neuf** Rue du	1
F-G	H 13	**Ponthieu** Rue de	8
N	L 20	**Pontoise** Rue de	5
O	J 23	**Popincourt** Rue	11
O	K 23	**Popincourt** Imp.	11
O	J 23	**Popincourt** Cité	8-11
Y	S 22	**Port-au-Prince** Pl. de	13
G	H 17	**Port-Mahon** Rue de	2
T	O 18	**Port-Royal** Sq. de	13

Plan		Rues / Streets	Ar.
T	O 19	**Port-Royal** Villa	13
T	O 18	**Port-Royal** Bd du	13-5
G	F 15	**Portalis** Rue	8
C-D	A 22	**Pte d'Aubervilliers** Av. de la	18-19
X	S 16	**Porte d'Orléans** Av. de la	14
E	F 8	**Pte Dauphine-Pte Sablons** Rte	16
B	A 17	**Pte de St-Ouen** Av. de la	17-18
E	F 8	**Pte d. Sablons Pte Maillot** Rte	16
W	R 12	**Porte-Brancion** Av. de la	15
I	E 26	**Porte-Brunet** Av. de la	19
D	D 26	**Porte-Chaumont** Av.	19
A	C 12	**Porte-d'Asnières** Av. la	17
K	M 4	**Porte-d'Auteuil** Av. de la	16
K-Q	M 6	**Porte-d'Auteuil** Pl. de la	16
R	P 10	**Porte-d'Issy** Rue de la	15
Y	S 21	**Porte-d'Italie** Av. de la	13
Y-Z	S 22	**Porte-d'Ivry** Av. de la	13
P	I 28	**Porte-de-Bagnolet** Av. de la	20
P	I 28	**Porte-de-Bagnolet** Pl. de la	20
A	D 10	**Porte-de-Champerret** Av.	17
A	E 11	**Pte-de-Champerret** Pl. de la	17
V	Q 27	**Porte-de-Charenton** Av. de la	12
X	R 15	**Porte-de-Châtillon** Av.	14
X	R 15	**Porte-de-Châtillon** Pl. de la	14
Y	S 22	**Porte-de-Choisy** Av. de la	13
B	B 14	**Porte-de-Clichy** Av. de la	17
C	A 19	**Porte-de-Clignancourt** Av.	18
Y	T 19	**Porte-de-Gentilly** Av. de la	13
Y	T 19	**Porte-de-Gentilly** Av. de la	14
C	A 21	**Porte-de-la-Chapelle** Av.	18
R	Q 11	**Porte-de-la-Plaine** Av. la	15
D	A 25	**Porte-de-la-Villette** Av. la	19
E	G 6	**Porte-de-Madrid** Car. de la	16
B	A 17	**Porte-de-Montmartre** Av.	18
P	L 28	**Porte-de-Montreuil** Av. la	20
P	L 29	**Porte-de-Montreuil** Pl.	20
X	R 16	**Porte-de-Montrouge** Av. la	14
D	D 26	**Porte-de-Pantin** Av. de la	19
D	D 26	**Porte-de-Pantin** Pl. de la	19
K	K 7	**Porte-de-Passy** Pl. de la	16
R-W	Q 12	**Porte-de-Plaisance** Av. de la	15
Q	O 5	**Porte-de-Saint-Cloud** Av. la	16
Q	O 6	**Porte-de-Saint-Cloud** Pl.	16
Q	P 9	**Porte-de-Sèvres** Av. de la	15
W	R 13	**Porte-de-Vanves** Av. de la	14
W	R 13	**Porte-de-Vanves** Pl. de la	14
W	R 13	**Porte-de-Vanves** Sq. de la	14
R	P 10	**Porte-de-Versailles** Pl.	15
A-F	E 10	**Porte-de-Villiers** Av. de la	17
V	M 28	**Porte-de-Vincennes** Av. la	12-20
V	N 29	**Porte-de-Vincennes** Av. la	20
Z	R 23	**Porte-de-Vitry** Av. de la	13
J	F 29	**Porte-des-Lilas** Av. de la	20
J	G 28	**Porte-des-Lilas** Av. de la	19
C	A 20	**Pte-des-Poissonniers** Av. de la	18
F	E 9	**Porte-des-Ternes** Av.	17
W-X	R 14	**Porte-Didot** Av. de la	14
V	P 27	**Porte-Dorée** Villa de la	12
F	F 10	**Porte-Maillot** Pl. de la	17
J	H 28	**Porte-Ménilmontant** Av. de la	20
Q	N 5	**Porte-Molitor** Av. de la	16
Q	N 6	**Porte-Molitor** Pl. de la	16
B	B 16	**Porte-Pouchet** Av. de la	17
I-J	F 27	**Pte-Pré-Saint-Gervais** Av.	19
E	G 6	**Porte-Saint-James** Rte	16
N	I 21	**Portefoin** Rue	3
C	C 19	**Portes-Blanches** Rue des	18
X	S 16	**Porto-Riche** Rue G. de	14
F	H 11	**Portugais** Av. des	16
K	J 9	**Possoz** Pl.	16
T	O 19	**Postes** Pass. des	5
T	N 19	**Pot-de-Fer** Rue du	5
I	F 27	**Potain** Rue du Docteur	19
B	B 17	**Poteau** Pass. du	18
C	B 18	**Poteau** Rue du	18
E	H 7	**Poteaux** Al. des	16
Y	S 20	**Poterne des Peupliers** R. de la	13
M	I 17	**Potier** Pass.	1
D	C 23	**Pottier** Cité	19
K	L 9	**Poubelle** Rue Eugène	16
B	B 15	**Pouchet** Rue	17
B	B 15	**Pouchet** Pass.	17
B	B 15	**Pouchet** Porte	17
G	E 14	**Pouillet** Rue Claude	17
B	D 18	**Poulbot** Rue	18
O	L 27	**Poule** Imp.	20
I	E 25	**Poulenc** Pl. Francis	19
M	M 18	**Poulenc** Sq. Francis	6
C	D 20	**Poulet** Rue	18
N	L 21	**Poulletier** Rue	4
H	G 21	**Poulmarch** Rue Jean	10
O	K 24	**Poulot** Sq. Denis	11
K	M 6	**Poussin** Rue	16
L	K 12	**Pouvillon** Av. Emile	7
Y	R 20	**Pouy** Rue de	13
M	L 17	**Prache** Sq. Laurent	6
I	G 24	**Pradier** Rue	19
H	H 20	**Prado** Pass. du	10
O	M 23	**Prague** Rue de	12
P	I 27	**Prairies** Rue des	20
C	B 21	**Pré** Rue du	18
K	L 9	**Pré-aux-Chevaux** Sq. du	16
K	L 9	**Pré-aux-Chevaux** Rue du	16
M	K 17	**Pré-aux-Clercs** Rue du	7
K	I 6	**Pré-Catelan** Rte du	16
I	E 27	**Pré-Saint-Gervais** Porte du	19
I	F 26	**Pré-Saint-Gervais** Rue du	19
I	F 24	**Préault** Rue	19
N	J 19	**Prêcheurs** Rue des	1
F	G 11	**Presbourg** Rue de	16-8
I	H 23	**Présentation** Rue de la	11
L	L 12	**Presles** Imp. de	15
L	L 12	**Presles** Rue de	15
S	P 15	**Pressensé** Rue Francis de	14
I	H 24	**Pressoir** Rue du	20
L	I 10	**Prêtres** Imp.	16
M	J 18	**Prêtres St-Ger. l'Auxerrois** Rue	1
N	L 19	**Prêtres-Saint-Séverin** Rue	5
O	I 25	**Prévert** Rue Jacques	20
W	R 13	**Prévost-Paradol** Rue	14
N	K 21	**Prévôt** Rue du	4
I	E 26	**Prévoyance** Rue de la	19
T	P 20	**Primatice** Rue	13
N	K 22	**Primevères** Imp. des	11
G	H 18	**Princes** Pass. des	2
M	L 17	**Princesse** Rue	6
A	D 13	**Printemps** Rue du	17
X	R 16	**Prisse-d'Avennes** Rue	14
N	L 19	**Privas Xavier** Rue	5
R-S	O 13	**Procession** Rue de la	15
I	F 26	**Progrès** Villa du	19
K	L 7	**Prokoviev** Rue Serge	16
F	E 12	**Prony de** Rue	17
O	L 25	**Prost** Cité	11
U	O 25	**Proudhon** Rue	12
L	K 10	**Proust** Av. Marcel	16
G	I 14	**Proust** Al. Marcel	8
N	J 19	**Prouvaires** Rue des	1
G	G 16	**Provence** Av. de	8-9
F-G	G 16	**Provence** Rue de	8-9
P	L 27	**Providence** Pass.	20
Y	R 19	**Providence** Rue de la	13
L	J 13	**Prudhomme** Av. Sully	7
K	J 8	**Prudhon** Av.	16
O	I 25	**Pruniers** Rue des	20
L	K 13	**Psichari** Rue Ernest	7
G	E 17	**Puget** Rue	18
X	S 17	**Puits** Al. du	14
T	N 20	**Puits-de-l'Ermite** Pl. du	5
T	N 20	**Puits-de-l'Ermite** Rue du	5
A-B	D 14	**Pusy** Cité de	17
G	E 15	**Puteaux** Rue	17
G	G 16	**Puteaux** Pass.	8
N	L 20	**Putigneux** Imp.	4
A	E 12	**Puvis-de-Chavannes** Rue	17
P	I 27	**Py** Rue de la	20

M	J 17	**Pyramides** Pl. des	1
M	I 17	**Pyramides** Rue des	1
P	L 28	**Pyrénées** Villa des	20
I-P	G 25	**Pyrénées** Rue des	20
P	I 29	**Python** Rue Joseph	20

Q

I	G 26	**Quarré** Rue Jean	19
N	J 21	**Quatre-Fils** Rue des	3
R	M 10	**Quatre-Frères-Peignot** Rue	15
G	H 17	**Quatre-Septembre** Rue du	2
M	L 18	**Quatre-Vents** Rue des	6
T	N 20	**Quatrefages** Rue de	5
M	L 17	**Québec** Pl. du	6
O	L 23	**Quellard** Cour	11
C	B 21	**Queneau** Rue Raymond	18
N	J 19	**Quentin** Pl. Maurice	1
T	O 19	**Quénu** Rue Edouard	5
P	L 28	**Quercy** Sq. du	20
I	I 24	**Questre** Imp.	11
R-S	N 14	**Queuille** Pl. Henri	15
J-P	I 28	**Quillard** Rue Pierre	20
R	N 12	**Quinault** Rue	15
N	J 20	**Quincampoix** Rue	3-4
S	N 16	**Quinet** Bd Edgar	14

R

H-I	H 23	**Rabaud** Rue Abel	11
G	H 14	**Rabelais** Rue	8
K	M 6	**Racan** Sq.	16
B-G	E 17	**Rachel** Av.	18
C	C 22	**Rachmaninov** Jardin	19
C	C 21	**Rachmaninov** Jardin	18
Q	N 7	**Racine** Imp.	16
M	M 18	**Racine** Rue	6
C-D	C 22	**Radiguet** Rue Raymond	19
M	I 18	**Radziwill** Rue	1
Q	N 6	**Raffaëlli** Rue	16
K	L 7	**Raffet** Rue	16
K	L 7	**Raffet** Imp.	16
U	N 24	**Raguinot** Pass.	12
O	K 25	**Rajman** Sq. Marcel	11
V	N 28	**Rambervillers** Rue de	12
U	N 23	**Rambouillet** Rue de	12
N	J 19	**Rambuteau** Rue	1-3-4
G	I 17	**Rameau** Rue	2
C	C 19	**Ramey** Rue	18
C	D 19	**Ramey** Pass.	18
I	G 24	**Rampal** Rue	19
H-N	I 22	**Rampon** Rue	11
I	H 24	**Ramponeau** Rue	20
O	J 26	**Ramus** Rue	20
B	B 17	**Ranc** Rue Arthur	18
P	K 27	**Rançon** Imp.	20
K	K 7	**Ranelagh** Av. du	16
K	J 8	**Ranelagh** Jardin du	16
K	K 8	**Ranelagh** Sq. du	16
K	K 7	**Ranelagh** Rue du	16
O	K 25	**Ranvier** Rue Henri	11
U	O 26	**Raoul** Rue	12
T-U	N 22	**Rapée** Port de la	12
T-U	N 22	**Rapée** Quai de la	12
K	J 7	**Raphaël** Av.	16
L	J 12	**Rapp** Av.	7
L	K 12	**Rapp** Sq.	7
M-S	K 16	**Raspail** Bd	14-6
P	K 28	**Rasselins** Rue des	20
T	N 19	**Rataud** Rue	5
O	L 24	**Rauch** Pass.	11
V	N 28	**Ravel** Av. Maurice	12
B	E 18	**Ravignan** Rue	18
I	H 26	**Raynaud** Rue Fernand	20
K-L	K 10	**Raynouard** Rue	16
L	K 10	**Raynouard** Sq.	16
J	I 28	**Réau** Rue de l'Adjudant	20
H	H 18	**Réaumur** Rue	2-3
I	G 23	**Rébeval** Rue	19
I	G 24	**Rébeval** Sq. de	19

B	B 14	**Rebière** Rue Pierre	17
C	E 22	**Rebuffat** Rue Gaston	19
M	L 16	**Récamier** Rue	7
H-I	F 23	**Récipon** Al. Georges	19
L	K 12	**Reclus** Av. Elisée	7
H	G 21	**Récollets** Pass. des	10
H	G 21	**Récollets** Sq. des	10
H	G 21	**Récollets** Rue des	10
T	Q 19	**Reculettes** Rue des	13
A	D 12	**Redon** Rue	17
L	K 11	**Refuzniks** Al. des	7
M	M 16	**Regard** Rue du	6
I	G 26	**Regard-la-Lanterne** Jardin	19
Z	S 23	**Regaud** Av. Claude	13
M-S	M 16	**Régis** Rue	6
P	K 28	**Réglises** Rue des	20
M	M 18	**Regnard** Rue	6
Y-Z	R 24	**Regnault** Rue	13
X	R 16	**Regnault** Rue Henri	14
R	O 13	**Régnier** Rue Mathurin	15
H	H 20	**Reilhac** Pass.	10
X-Y	R 17	**Reille** Av.	14
X	R 18	**Reille** Imp.	14
A	D 13	**Reims** Bd de	17
U-Y	Q 23	**Reims** Rue de	13
Q	O 5	**Reine** Rte de la	16
M	I 14	**Reine** Cours la	8
L	I 12	**Reine-Astrid** Pl. de la	8
T	O 20	**Reine-Blanche** Rue de la	13
N	I 19	**Reine-de-Hongrie** Pass.	1
E	G 6	**Reine-Margueritte** Al. la	16
P	K 28	**Reisz** Rue Eugène	20
P	M 27	**Réjane** Sq. du	20
F	F 13	**Rembrandt** Rue	8
K-Q	M 8	**Rémusat** Rue de	16
S-X	Q 16	**Remy-Dumoncel** Rue	14
I	F 26	**Renaissance** Villa de la	19
F	I 13	**Renaissance** Rue de la	8
R	Q 10	**Renan** Av. Ernest	15
R-S	N 14	**Renan** Rue Ernest	15
V	P 28	**Renard** Pl. Edouard	12
A-F	E 11	**Renard** Pl. Jules	17
Y	Q 22	**Renard** Rue Baptiste	13
F	F 11	**Renard** Rue des Colonels	17
N	J 20	**Renard** Rue du	4
F	E 12	**Renaudes** Rue des	17
R	N 11	**Renaudot** R.Théophraste	15
O	J 24	**Renault** Rue du Général	11
Y	S 20	**Renault** Rue Prof. Louis	13
F	F 11	**Renault** Rue Marcel	17
V	M 28	**Rendez-vous** Cité du	12
U-V	M 27	**Rendez-vous** Rue du	12
D-I	D 26	**Rendu** Av. Ambroise	19
F	E 11	**Rennequin** Rue	17
M-S	L 17	**Rennes** Rue de	6
W	Q 13	**Renoir** Sq. Auguste	14
U	O 24	**Renoir** Rue Jean	12
O	J 27	**Renouvier** Rue Charles	20
O	J 25	**Repos** Rue du	20
H	I 22	**République** Pl. de la	10-11
N-O	I 22	**République** Av. de la	11
W	R 13	**République** Pl. de la	14
F	F 13	**Répu. de l'Equateur** Pl. de la	17-8
F	F 13	**Répu. Dominicaine** Pl. de la	17-8
Z	R 23	**Résal** Rue	13
L	J 12	**Résistance** Pl. de la	7
G	H 15	**Retiro** Cité du	8
I	H 26	**Retrait** Pass. du	20
I	H 26	**Retrait** Rue du	20
U	O 25	**Reuilly** Bd de	12
U	N 25	**Reuilly** Jardin de	12
V	P 27	**Reuilly** Porte de	12
V	Q 27	**Reuilly** Rte de	12
U	M 25	**Reuilly** Rue de	12
O-P	K 27	**Réunion** Pl. de la	20
O	K 27	**Réunion** Rue de la	20
D	E 23	**Reverdy** Rue Pierre	19
L	K 11	**Rey** Rue Jean	15
X	R 15	**Reyer** Av. Ernest	14
Q	O 6	**Reynaud** Pl. Paul	16

Plan		Rues / Streets	Ar.
F-L	I 12	**Reynaud** Rue Léonce	16
D	A 25	**Reynaud** Rue Emile	19
I	E 24	**Rhin du** Rue	19
I	E 26	**Rhin-et-Danube** Pl. de	19
A	D 12	**Rhône** Sq. du	17
K	L 8	**Ribera** Rue	16
O	K 26	**Riberolle** Villa	20
R	M 12	**Ribet** Imp.	15
I	F 26	**Ribière** Rue Henri	19
P	J 28	**Riblette** Rue	20
I	I 24	**Ribot** Cité	11
I	F 26	**Ribot** Villa Alexandre	19
F	F 12	**Ribot** Rue Théodule	17
H	G 19	**Riboutté** Rue	9
T	Q 21	**Ricaut** Rue	13
R	P 13	**Richard** Imp.	15
S	O 17	**Richard** Rue Emile	14
G-M	I 17	**Richelieu** Pass. de	1
M	H 18	**Richelieu** Rue de	1-2
Y	Q 22	**Richemont** Rue de	13
G	H 16	**Richepance** Rue	1-8
K	J 8	**Richepin** Rue Jean	16
H	G 18	**Richer** Rue	9
H	H 22	**Richerand** Av.	10
T	Q 22	**Richet** Rue Dr Charles	13
C	D 20	**Richomme** Rue	18
B-G	E 18	**Rictus** Sq. Jehan	18
R-S	Q 14	**Ridder** Rue de	14
U	N 25	**Riesener** Rue	12
I	G 27	**Rigaunes** Imp. des	19
G	G 15	**Rigny** Rue de	8
I	G 25	**Rigoles** Rue des	20
U	O 23	**Rimbaud** Al. Arthur	13
I	F 25	**Rimbaud** Villa	19
S-X	Q 16	**Rimbaut** Pass.	14
F-G	F 14	**Rio-de-Janeiro** Pl. de	8
S	P 15	**Ripoche** Rue Maurice	14
C	D 23	**Riquet** Rue	18
C-D	D 21	**Riquet** Rue	19
Q	O 7	**Risler** Av. Georges	16
L	K 12	**Risler** Av. Charles	7
H	H 21	**Riverin** Cité	10
Q	M 8	**Rivière** Pl. Théodore	16
F	G 14	**Rivière** Rue du Cdt	8
X	S 17	**Rivoire** Av. André	14
M-N	I 16	**Rivoli** Rue de	1-4
B	B 18	**Robert** Imp.	18
N	K 18	**Robert** Rue Henri	1
U	O 27	**Robert** Rue Edouard	12
S	O 17	**Robert** Rue Léopold	14
C	D 21	**Robert** Rue Jean	18
B	C 15	**Roberval** Rue	17
L	K 13	**Robiac** Sq. de	7
I	F 25	**Robida** Villa Albert	19
H	F 22	**Robin** Rue Charles	10
O	I 26	**Robineau** Rue	20
S	N 16	**Robiquet** Imp.	6
K	L 6	**Rocamadour** Sq. de	16
F-L	I 12	**Rochambeau** Pl.	16
H	F 19	**Rochambeau** Rue	9
B	B 15	**Roche** Rue Ernest	17
O	J 24	**Rochebrune** Rue	11
O	J 24	**Rochebrune** Pass.	11
H	E 18	**Rochechouart** Bd de	18-9
H	E 19	**Rochechouart** Rue de	9
F	F 13	**Rochefort** Rue Henri	17
G	F 15	**Rocher** Rue du	8
X	S 17	**Rockefeller** Av.	14
H	F 20	**Rocroy** Rue de	10
S	P 18	**Rodenbach** Al.	14
H	G 22	**Rodhain** R. Monseigneur	10
H	F 19	**Rodier** Rue	9
K	I 8	**Rodin** Av.	16
K	L 8	**Rodin** Pl.	16
C	C 21	**Rodin** Sq. P	18
S	P 16	**Roger** Rue	14
R	N 11	**Roger** Rue Edmond	15
M	L 18	**Rohan** Cour de	6
M	J 17	**Rohan** Rue de	1
C	B 19	**Roi-d'Alger** Pass. du	18
C	B 19	**Roi-d'Alger** Rue du	18
N	K 20	**Roi-de-Sicile** Rue du	4
N	J 22	**Roi-Doré** Rue du	3
H	I 20	**Roi-François** Cour du	2
Y	S 18	**Roli** Rue	14
A	D 12	**Roll** Rue Alfred	17
X	S 14	**Rolland** Bd Romain	14
O	L 27	**Rolleboise** Imp.	20
R	P 11	**Rollet** Pl. Henri	15
T	N 19	**Rollin** Rue	5
I	E 25	**Rollinat** Villa Maurice	19
I	G 23	**Romains** Rue Jules	19
J	G 27	**Romainville** Rue de	19
G	D 14	**Rome** Rue de	17-8
N	I 21	**Rome** Cour de	3
N	I 21	**Rome** Cour de	3
D	C 25	**Rond-Point des Canaux** Pl. du	19
O	I 26	**Rondeaux** Pass. des	20
O	I 26	**Rondeaux** Rue des	20
U	M 25	**Rondelet** Rue	12
O	I 27	**Rondonneaux** Rue des	20
C-H	E 19	**Ronsard** Rue	18
S	N 14	**Ronsin** Imp.	15
Q	P 7	**Roosevelt** Q. du Président	15
F-G	H 14	**Roosevelt** Av. Franklin-D.	8
Y	S 20	**Rops** Av. Félicien	13
G	G 15	**Roquépine** Rue	8
Q	O 6	**Roques** Rue du Général	16
O	K 23	**Roquette** Cité de la	11
O	J 25	**Roquette** Sq. de la	11
N-O	K 24	**Roquette** Rue de la	11
T	P 20	**Roret** Rue Nicolas	13
X	R 17	**Rose** Rue Marie	14
R	P 13	**Rosenwald** Rue	15
C	C 21	**Roses** Rue des	18
C	C 21	**Roses** Villa des	18
R	N 10	**Rosière** Rue de la	15
N	K 21	**Rosiers** Rue des	4
Y	T 21	**Rosny Aîné** Sq.	13
N-T	M 21	**Rossi** Jardin Tino	5
G	G 18	**Rossini** Rue	9
I	G 23	**Rostand** Pl. Jean	19
M-S	M 18	**Rostand** Pl. Edmond	6
B	D 16	**Rothschild** Imp.	18
M	M 18	**Rotrou** Rue	6
V	O 27	**Rottembourg** Rue	12
R	N 10	**Roty** Rue Oscar	15
B-C	B 18	**Rouanet** Rue Gustave	18
I	H 24	**Rouault** Al. Georges	20
H	F 20	**Roubaix** Pl. de	10
O	M 25	**Roubo** Rue	11
G	H 17	**Rouché** Pl. Jacques	9
K-Q	M 8	**Roucher** Rue Antoine	16
L	L 10	**Rouelle** Rue	15
D	D 23	**Rouen** Rue de	19
X	R 16	**Rouet** Imp. du	14
H	H 19	**Rougemont** Rue	9
H	H 19	**Rougemont** Cité	9
G-M	I 16	**Rouget-de-l'Isle** Rue	1
F	G 12	**Roule** Sq. du	8
N	J 19	**Roule** Rue du	1
X	S 16	**Rousse** Rue Edmond	14
M-N	I 19	**Rousseau** R. Jean-Jacques	1
V	O 28	**Rousseau** Av. Armand	12
K	L 8	**Rousseau** Av. Théodore	16
X	R 17	**Rousseau** Rue Douanier	14
F	F 10	**Rousseau** Rue Waldeck	17
K	L 8	**Roussel** Av. de l'Abbé	16
O	L 23	**Roussel** Rue Théophile	12
M	M 15	**Rousselet** Rue	7
Y	R 20	**Rousselle** Sq. Henri	13
Y	R 20	**Rousselle** R. E. et Henri	13
A	D 12	**Rousselot** Rue de l'Abbé	17
R	N 12	**Roussin** Rue de l'Amiral	15
D	C 24	**Rouvet** Rue	19
R-S	Q 14	**Rouvier** Rue Maurice	14

Q	M 7	**Rouvray** Av. de	16
F	F 12	**Roux** Pass.	17
R-S	N 14	**Roux** Rue du Docteur	15
G	G 15	**Roy** Rue	8
M	J 16	**Royal** Pont	1-7
G	H 16	**Royale** Rue	8
N	J 18	**Royer** Rue Clémence	1
S-T	M 18	**Royer-Collard** Rue	5
S-T	N 18	**Royer-Collard** Imp.	5
U	M 25	**Rozanoff** Rue du Colonel	12
I	F 26	**Rozier** Rue Arthur	19
T	P 20	**Rubens** Rue	13
F	G 11	**Rude** Rue	16
L	K 12	**Rueff** Pl. Jacques	7
C	D 21	**Ruelle** Pass.	18
B	C 17	**Ruggieri** Rue Désiré	18
F	E 10	**Ruhmkorff** Rue	17
B-C	B 18	**Ruisseau** Rue du	18
Y	S 19	**Rungis** Pl. de	13
Y	S 18	**Rungis** Rue de	13
U	N 24	**Rutebeuf** Pl.	12
F-G	F 14	**Ruysdaël** Av.	8

S

S	P 15	**Sablière** Rue de la	14
E	G 7	**Sablonneuse** Rte	16
E	F 8	**Sablons** Car. des	16
E	F 8	**Sablons** Porte des	16
F-L	I 10	**Sablons** Rue des	16
M	L 17	**Sabot** Rue du	6
S	Q 16	**Saché** Rue Georges	14
C	D 18	**Sacré-Cœur** Cité du	18
L	J 12	**Sacy** Av. Silvestre-de	7
V	O 28	**Sahel** Villa du	12
V	O 27	**Sahel** Rue du	12
E-F	G 9	**Saïd** Villa	16
R	P 11	**Saïda** Rue de la	15
F	G 11	**Saïgon** Rue de	16
S	P 16	**Saillard** Rue	14
N	J 20	**Saint-Aignan** Jardin	3
X	S 16	**Saint-Alphonse** Imp.	14
R	P 13	**Saint-Amand** Rue	15
O	J 23	**Saint-Ambroise** Rue	11
O	J 23	**Saint-Ambroise** Pass.	11
M	L 18	**Saint-André-des-Arts** Rue	6
N	L 18	**Saint-André-des-Arts** Pl.	6
B	B 16	**Saint-Ange** Pass.	17
B	B 16	**Saint-Ange** Villa	17
O	L 23	**Saint-Antoine** Pass.	11
N	K 21	**Saint-Antoine** Rue	4
G	H 17	**Saint-Augustin** Rue	2
G	G 15	**Saint-Augustin** Pl.	8
M	K 17	**Saint-Benoît** Rue	6
O	L 24	**Saint-Bernard** Rue	11
O	L 24	**Saint-Bernard** Pass.	11
N-T	M 21	**Saint-Bernard** Port	5
N-T	M 21	**Saint-Bernard** Quai	5
P	J 27	**Saint-Blaise** Rue	20
P	J 27	**Saint-Blaise** Pl.	20
N	K 20	**Saint-Bon** Rue	4
C	E 20	**Saint-Bruno** Rue	18
U	M 25	**Saint-Charles** Sq.	12
L-Q	L 11	**Saint-Charles** Rue	15
L	M 10	**Saint-Charles** Pl.	15
R	N 9	**Saint-Charles** Rd-Pt	15
R	M 10	**Saint-Charles** Villa	15
I	G 23	**Saint-Chaumont** Cité	19
Q	N 9	**Saint-Christophe** Rue	15
N	J 22	**Saint-Claude** Rue	3
N	J 22	**Saint-Claude** Imp.	3
K	J 7	**Saint-Cloud** Av. de	16
Q	P 6	**Saint-Cloud** Porte de	16
H-N	H 20	**Saint-Denis** Rue	1-2
K	S 5	**Saint-Denis** Al.	16
H-N	I 20	**Saint-Denis** Rue	2
H-N	I 19	**Saint-Denis** Imp.	2
H	H 20	**Saint-Denis** Bd	2-3-5
F-L	I 11	**Saint-Didier** Rue	16
L-M	K 12	**Saint-Dominique** Rue	7
O-U	M 25	**Saint-Eloi** Cour	12
U	P 25	**Saint-Emilion** Cour	12
O	L 23	**Saint-Esprit** Cours du	11
N-T	M 19	**Saint-Etienne-du-Mont** Rue	5
N	J 19	**Saint-Eustache** Imp.	1
Q	O 7	**Saint-Exupéry** Quai	16
I-J	H 27	**Saint-Fargeau** Rue	20
J	H 27	**Saint-Fargeau** Pl.	20
F	F 11	**Saint-Ferdinand** Rue	17
F	F 10	**Saint-Ferdinand** Pl.	17
H	H 19	**Saint-Fiacre** Rue	2
N	J 20	**Saint-Fiacre** Imp.	4
G	I 16	**Saint-Florentin** Rue	1-8
C	B 19	**Saint-François** Imp.	18
G	F 18	**Saint-Georges** Rue	9
G	F 18	**Saint-Georges** Pl.	9
M-N	J 15	**Saint-Germain** Bd	5-6-7
M-N	K 18	**St-Germain de l'Auxerrois** R.	1
M	L 17	**Saint-Germain des Prés** Pl.	6
N	K 20	**Saint-Gervais** Pl.	4
N	K 22	**Saint-Gilles** Rue	3
S-X	Q 17	**Saint-Gothard** Rue du	14
M	K 17	**Saint-Guillaume** Rue	7
T	N 20	**Saint-Hilaire** Rue Geoffroy	5
T	P 19	**Saint-Hippolyte** Rue	13
M-N	I 16	**Saint-Honoré** Rue	1-8
F	I 10	**Saint-Honoré-d'Eylau** Av.	16
O	I 24	**Saint-Hubert** Rue	11
G-M	I 17	**Saint-Hyacinthe** Rue	1
N-T	L 19	**Saint-Jacques** Rue	5
O	L 23	**Saint-Jacques** Cour	11
S	P 17	**Saint-Jacques** Bd	14
S	P 17	**Saint-Jacques** Pl.	14
S	P 17	**Saint-Jacques** Villa	14
E	G 6	**Saint-James** Porte	16
B	D 16	**Saint-Jean** Rue	17
B	D 16	**Saint-Jean** Pl.	17
M-S	M 15	**St-J-Baptiste de la Salle** Rue	6
C	D 20	**Saint-Jérôme** Rue	18
N	J 19	**Saint-John Perse** Al.	1
O	L 23	**Saint-Joseph** Cour	11
H	H 19	**Saint-Joseph** Rue	2
B	B 17	**Saint-Jules** Pass.	18
N	L 19	**Saint-Julien-le-Pauvre** Rue	5
B	B 14	**Saint-Just** Rue	17
R	O 11	**Saint-Lambert** Rue	15
R	N 12	**Saint-Lambert** Sq.	15
H	G 21	**Saint-Laurent** Rue	10
H	G 21	**Saint-Laurent** Sq.	10
G	G 16	**Saint-Lazare** Rue	8-9
O	L 23	**Saint-Louis** Cour	11
N	L 20	**Saint-Louis** Pont	4
N	L 20	**Saint-Louis-en-l'Ile** Rue	4
C	D 20	**Saint-Luc** Rue	18
U-V	N 26	**Saint-Mandé** Av. de	12
V	N 29	**Saint-Mandé** Porte de	12
U	M 27	**Saint-Mandé** Villa de	12
G-H	H 18	**Saint-Marc** Rue	2
H	H 18	**Saint-Marc** Galerie	2
A	D 12	**Saint-Marceaux** Rue de	17
T	O 21	**Saint-Marcel** Bd	13-5
H-N	H 20	**Saint-Martin** Rue	3-4
H	H 21	**Saint-Martin** Cité	10
H	H 20	**Saint-Martin** Bd	10-3
C	E 20	**Saint-Mathieu** Rue	18
I-O	G 22	**Saint-Maur** Rue	11-9
H-I-O	J 24	**Saint-Maur** Pass.	10-11
V	P 29	**Saint-Maurice** Av. de	12
T	N 19	**Saint-Médard** Rue	5
N	J 20	**Saint-Mérri** Rue	4
N	L 19	**Saint-Michel** Pont	1
B	D 16	**Saint-Michel** Pass.	17
B	D 16	**Saint-Michel** Villa	18
N	L 18	**Saint-Michel** Quai	5
N-S	L 19	**Saint-Michel** Bd	5-6
N	L 19	**Saint-Michel** Pl.	5-6
O	L 23	**Saint-Nicolas** Rue	12
O	L 25	**Saint-Nicolas** Cour	11
B	C 16	**Saint-Ouen** Imp.	17
B	B 16	**Saint-Ouen** Av. de	17-18

Plan		Rues / Streets	Ar.
B	A 16	**Saint-Ouen** Porte de	17-18
P	K 27	**Saint-Paul** Imp.	20
N	L 21	**Saint-Paul** Rue	4
N	L 21	**Saint-Paul** Pass.	4
L	I 12	**Saint-Paul** Rue Gaston de	16
N	L 21	**Saint-Paul (village)** Pl.	4
G	E 16	**Saint-Petersbourg** Rue de	8
H	H 19	**Saint-Philippe** Rue	2
F	G 13	**Saint-Philippe-du-Roule** Rue	8
F-G	G 14	**Saint-Philippe-Roule** Pass.	8
B	D 16	**Saint-Pierre** Cour	17
C-H	E 18	**Saint-Pierre** Pl.	18
O	K 27	**Saint-Pierre** Imp.	20
N	J 22	**Saint-Pierre-Amelot** Pass.	11
M	M 16	**Saint-Placide** Rue	6
H	F 20	**Saint-Quentin** Rue de	10
G-M	I 17	**Saint-Roch** Rue	1
M	I 17	**Saint-Roch** Pass.	1
M-S	M 15	**Saint-Romain** Rue	6
M-S	M 15	**Saint-Romain** Sq.	6
B-C	D 18	**Saint-Rustique** Rue	18
N-O	J 22	**Saint-Sabin** Rue	11
O	K 23	**Saint-Sabin** Pass.	11
L	L 11	**Saint-Saëns** Rue	15
H-N	I 19	**Saint-Sauveur** Rue	2
N-O	J 22	**Saint-Sébastien** Rue	11
N-O	J 22	**Saint-Sébastien** Imp.	11
N	J 22	**Saint-Sébastien** Pass.	11
F	E 11	**Saint-Senoch** Rue de	17
N	L 19	**Saint-Séverin** Rue	5
M	K 16	**Saint-Simon** Rue de	7
I	H 26	**Saint-Simoniens** Pass. des	20
H	H 20	**Saint-Spire** Rue	2
M	L 17	**Saint-Sulpice** Rue	6
M	L 17	**Saint-Sulpice** Pl.	6
M	K 16	**Saint-Thomas-d'Aquin** Rue	7
M	K 16	**Saint-Thomas-d'Aquin** Pl.	7
N	M 20	**Saint-Victor** Rue	5
B-C	D 18	**Saint-Vincent** Rue	18
I	F 25	**Saint-Vincent** Imp.	19
H	F 20	**Saint-Vincent-de-Paul** Rue	10
H	F 20	**Saint-Vincent-de-Paul** Sq.	10
X	R 17	**Saint-Yves** Rue	14
N	J 21	**Sainte-Anastase** Rue	3
G-M	H 18	**Sainte-Anne** Rue	1-2
G	I 17	**Sainte-Anne** Pass.	2
N	K 22	**Sainte-Anne-Popincourt** Pass.	11
H	H 20	**Sainte-Apolline** Rue	2-3
N	J 20	**Sainte-Avoie** Pass.	3
S	N 16	**Sainte-Beuve** Rue	6
H	G 19	**Sainte-Cécile** Rue	9
U	N 25	**Sainte-Claire Deville** Rue	12
B	C 16	**Sainte-Croix** Villa	17
N	K 20	**Ste-Croix-la-Bretonnerie** Rue	4
N	K 20	**Ste-Croix-la-Bretonnerie** Sq.	4
B-C	D 18	**Sainte-Eleuthère** Rue	18
H-N	I 21	**Sainte-Elisabeth** Rue	3
H-N	I 21	**Sainte-Elisabeth** Pass.	3
R	P 12	**Sainte-Eugénie** Av.	15
R	O 13	**Sainte-Félicité** Rue	15
H	I 20	**Sainte-Foy** Pass.	2
H	H 20	**Sainte-Foy** Rue	2
H	H 19	**Sainte-Foy** Gal.	2
T	M 19	**Sainte-Geneviève** Pl.	5
C	B 18	**Sainte-Hélène** Sq.	18
Y	S 20	**Sainte-Hélène** Rue de	13
C	B 18	**Sainte-Henriette** Imp.	18
O	J 23	**Sainte-Irénée** Sq.	11
C	C 19	**Sainte-Isaure** Rue	18
S	P 15	**Sainte-Léonie** Rue	14
R	N 10	**Sainte-Lucie** Rue	15
V	P 28	**Sainte-Marie** Av.	12
J	H 28	**Sainte-Marie** Villa	20
I	G 22	**Sainte-Marthe** Rue	10
I	G 23	**Sainte-Marthe** Imp.	10
I	G 23	**Sainte-Marthe** Pl.	10
A	D 11	**Sainte-Odile** Sq.	17
N	J 19	**Sainte-Opportune** Rue	1

Plan		Rues / Streets	Ar.
N	J 19	**Sainte-Opportune** Pl.	1
N	I 22	**Saintonge** Rue de	3
M	K 17	**Saints-Pères** Rue des	6-7
M	K 18	**Saints-Pères** Port des	6-7
P	K 28	**Salamandre** Sq. de la	20
O	K 23	**Salarnier** Pass.	11
N	L 19	**Salembrière** Imp.	5
B-G	E 14	**Salneuve** Rue	17
F	E 10	**Salonique** Av. de	17
A	D 11	**Samain** Rue Albert	17
H-I	G 22	**Sambre-et-Meuse** Rue de	10
H	G 21	**Sampaix** Rue Lucien	10
T-Y	Q 20	**Samson** Rue	13
I	F 24	**San-Martin** Av. du Général	19
U-V	P 27	**Sancerrois** Sq. du	12
K	M 8	**Sand** Villa George	16
K	L 7	**Sand** Rue George	16
K	J 8	**Sandeau** Bd Jules	16
G	H 16	**Sandrié** Imp.	9
W	R 13	**Sangnier** Av. Marc	14
G	G 16	**Sansbœuf** Rue Joseph	8
T	P 18	**Santé** Imp. de la	13
S-T-Y	O 18	**Santé** Rue de la	13-14
U	N 26	**Santerre** Rue	12
T	O 20	**Santeuil** Rue	5
L-M	K 14	**Santiago-du-Chili** Pl. de	7
L-M	K 14	**Santiago-du-Chili** Sq.	7
R	P 13	**Santos-Dumont** Rue	15
R	P 13	**Santos-Dumont** Villa	15
X	Q 17	**Saône** Rue de la	14
R	N 10	**Sarasate** Rue	15
L	J 10	**Sarcey** Rue Francisque	16
Q	N 7	**Sardou** Sq. Victorien	16
Q	N 7	**Sardou** Villa Victorien	16
Q	N 7	**Sardou** Rue Victorien	16
Q	O 8	**Sarrabezolles** Rue Carlo	15
Q	M 6	**Sarrail** Av. du Général	16
N	L 18	**Sarrazin** Rue Pierre	6
X	R 16	**Sarrette** Rue	14
C	E 19	**Sarte** Rue André-del	18
P	K 27	**Satan** Imp.	20
D-I	E 25	**Satie** Rue Erik	19
H	G 20	**Satragne** Sq. Alban	10
B	C 15	**Sauffroy** Rue	17
B-C	C 18	**Saules** Rue des	18
H	G 19	**Saulnier** Rue	9
K-L	J 9	**Saunière** Rue Paul	16
G	H 15	**Saussaies** Pl. des	8
G	H 15	**Saussaies** Rue des	8
F	F 11	**Saussier-Leroy** Rue	17
A-G	D 13	**Saussure** Rue de	17
N	L 19	**Sauton** Rue Frédéric	5
N	J 18	**Sauval** Rue	1
L	L 11	**Sauvy** Pl. Alfred	15
P	K 27	**Savart** Pass.	20
I	H 26	**Savart** Rue Laurence	20
I	H 25	**Savies** Rue de	20
M-N	L 18	**Savoie** Rue de	6
L	K 13	**Savorgnan-de-Brazza** Rue	7
L-S	L 13	**Saxe** Av. de	15-7
L	M 14	**Saxe** Villa de	7
G-H	F 18	**Say** Rue	9
D	C 26	**Scandicci** Rue de	19
N	K 22	**Scarron** Rue	11
K-L	I 9	**Scheffer** Rue	16
K-L	J 9	**Scheffer** Villa	16
L	J 10	**Schlœsing** Rue du Cdt	16
B	B 18	**Schneider** Rue Frédéric	18
S	O 17	**Schœlcher** Rue	14
N	M 21	**Schomberg** Rue de	4
P	L 29	**Schubert** Rue	20
Q	Q 8	**Schuman** Pl. du Pdt Robert	15
E	H 8	**Schuman** Sq. Robert	16
L	J 13	**Schuman** Av. Robert	7
L	L 10	**Schutzenberger** Rue	15
N	L 21	**Schweitzer** Sq. Albert	4
T	O 20	**Scipion** Rue	5
T	O 20	**Scipion** Sq.	5

L	L 11	**Scott** Rue du Capitaine	15
D	E 23	**Scotto** Rue Vincent	19
G	G 17	**Scribe** Rue	9
H-N	H 20	**Sébastopol** Bd de	1à4
R	N 12	**Séché** Rue Léon	15
I	E 23	**Secrétan** Av.	19
L	M 12	**Sécurité** Pass.	15
N-O	K 22	**Sedaine** Rue	11
O	K 23	**Sedaine** Cour	11
L	J 12	**Sédillot** Rue	7
L	K 12	**Sédillot** Sq.	7
K-L	L 9	**Sée** Rue du Dr Germain	16
P	J 28	**Segalen** Rue Victor	20
I	H 27	**Seghers** Sq. Pierre	20
M-N	L 18	**Séguier** Rue	6
C	C 21	**Séguin** Rue Marc	18
L-M	L 14	**Ségur** Av. de	15-7
L	M 14	**Ségur** Villa de	7
H.C.	G 4	**Seine** Porte de la	16
D	D 24	**Seine** Quai de la	19
M	K 18	**Seine** Rue de	6
K	L 4	**Seine-Butte-Mortemart** Rte	16
S	N 17	**Séjourné** Rue Paul	6
F-G	I 14	**Selves** Av. de	8
I	E 27	**Semanaz** Rue J-Baptiste	19
H	F 19	**Semard** Rue Pierre	9
B	B 18	**Sembat** Sq. Marcel	18
B	B 18	**Sembat** Rue Marcel	18
M	L 17	**Séminaire** Al. du	6
J	F 28	**Senard** Pl. Jules	19
I	H 24	**Sénégal** Rue du	20
A	D 12	**Senlis** Rue de	17
H	H 19	**Sentier** Rue du	2
S	P 15	**Séoul** Pl. de	14
D	D 27	**Sept-Arpents** Rue des	19
H	F 21	**September** Pl. Dulcie	10
W-X	R 14	**Séré-de-Rivières** R. du Gal	14
X	S 15	**Serment-de-Koufra** Sq.	14
N	L 18	**Serpente** Rue	6
B	C 18	**Serpollet** Sq. Léon	18
P	J 28	**Serpollet** Rue	20
R	P 11	**Serres** Pass. Olivier-de	15
R	O 12	**Serres** Rue Olivier-de	15
Q	M 5	**Serres-d'Auteuil** Jardin d.	16
R	N 11	**Serret** Rue	15
D-J	D 26	**Sérurier** Bd	19
O	J 24	**Servan** Rue	11
O	J 24	**Servan** Sq.	11
M	L 17	**Servandoni** Rue	6
X	R 17	**Seurat** Villa	14
J-P	I 28	**Séverine** Sq.	20
S	P 16	**Severo** Rue	14
H	E 19	**Seveste** Rue	18
N	K 21	**Sévigné** Rue de	3-4
Q-S	P 9	**Sèvres** Porte de	15
M-S	L 16	**Sèvres** Rue de	15-6
H.C.	G 5	**Sèvres-à-Neuilly** Rte de	16
M-S	M 15	**Sevrien** Galerie le	6
L	L 11	**Sextius-Michel** Rue	15
G	H 16	**Sèze** Rue de	2-8
F	H 10	**Sfax** Rue de	16
L	L 11	**Shaw** R. George Bernard	15
K	J 8	**Siam** Rue de	16
H	G 21	**Sibour** Rue	10
U-V	N 27	**Sibuet** Rue	12
W	Q 12	**Sicard** Rue Jean	15
U	O 27	**Sidi-Brahim** Rue	12
J-P	I 28	**Siegfried** Rue Jules	20
Y	Q 19	**Sigaud** Pass.	13
I-J	I 27	**Signac** Pl. Paul	20
C	C 19	**Simart** Rue	18
S	P 16	**Simon** Villa Adrienne	14
R	O 11	**Simon** Rue Jules	15
T-Y	Q 20	**Simonet** Rue	13
C	C 19	**Simplon** Rue du	18
K	K 8	**Singer** Rue	16
K	K 9	**Singer** Pass.	16
N	K 21	**Singes** Pass. des	4
A	D 13	**Sisley** Rue	17
S	P 16	**Sivel** Rue	14
S	M 14	**Sizeranne** Rue Maurice de la	7
I	E 25	**Sizerins** Villa des	19
C-D	A 23	**Skanderbeg** Pl.	19
T	Q 20	**Sœur Rosalie** Av. de la	13
T	Q 18	**Sœur-Marie-Catherine** Rue	13
C-H	E 19	**Sofia** Rue de	18
C-D	E 23	**Soissons** Rue de	19
I	G 26	**Soleil** Rue du	20
R	N 13	**Soleil d'Or** Ruelle du	15
I-O	I 26	**Soleillet** Rue	20
M	J 16	**Solférino** Pont de	1-7
M	J 15	**Solférino** Port de	7
M	J 16	**Solférino** Rue de	7
D-I	E 25	**Solidarité** Rue de la	19
I	G 25	**Solitaires** Rue des	19
A	D 11	**Somme** Bd de la	17
Q	O 7	**Sommeiller** Villa	16
N	L 19	**Sommerard** Rue du	5
R	Q 13	**Sommet-des-Alpes** Rue	15
D	D 25	**Sonatine** Villa	19
F	H 10	**Sontay** Rue de	16
I-O	H 25	**Sorbier** Rue	20
N	M 18	**Sorbonne** Pl. de la	5
N	M 18	**Sorbonne** Rue de la	5
X	R 15	**Sorel** Rue Albert	14
I	I 27	**Souchet** Villa	20
K	J 9	**Souchier** Villa	16
L	M 12	**Soudan** Rue du	15
T	M 18	**Soufflot** Rue	5
O	L 27	**Souhaits** Imp. des	20
T-Y	Q 22	**Souham** Pl.	13
S	P 15	**Soulange-Bodin** R. de l'Abbé	14
J	G 29	**Soulié** Rue Pierre	20
V	M 28	**Soult** Bd	12-20
I	H 26	**Soupirs** Pass. des	20
B	C 17	**Souplex** Sq. Raymond	18
K	L 8	**Source** Rue de la	16
N	J 21	**Sourdis** Ruelle	3
M	L 14	**Souvenir Français** Espl. du	7
O	L 25	**Souzy** Cité	11
S	P 15	**Spinelli Crocé** Rue	14
O	I 25	**Spinoza** Rue	11
E	H 9	**Spontini** Rue	16
E	H 9	**Spontini** Villa	16
N	I 21	**Spuller** Rue Eugène	3
K	L 7	**Square** Av. du	16
B	C 17	**Square-Carpeaux** Rue du	18
R-S	N 14	**Staël** Rue de	15
S	N 16	**Stanislas** Rue	6
D	B 24	**Station** Sentier de la	19
I	H 25	**Station-de-Ménilmontant** P.	20
Q	O 6	**Stéfanik** Pl. du Général	16
H	E 18	**Steinkerque** Rue de	18
B	D 17	**Steinlen** Rue	18
I	G 23	**Stemler** Cité	19
O-P	J 27	**Stendhal** Rue	20
O	J 27	**Stendhal** Pass.	20
O-P	J 27	**Stendhal** Villa	20
C	D 20	**Stephenson** Rue	18
L	L 11	**Stern** Rue Daniel	15
G	E 18	**Stevens** Pass. Alfred	9
G	F 18	**Stevens** Rue Alfred	9
Y	Q 22	**Sthrau** Rue	13
U	N 25	**Stinville** Sq.	12
Q	P 6	**Stock** Pl. de l'Abbé Frantz	16
G	G 15	**Stockholm** Rue de	8
H	G 21	**Strasbourg** Bd de	10
H	I 21	**Strauss** Pl. Johann	10
J	I 28	**Strauss** Rue Paul	20
N	J 20	**Stravinsky** Pl. Igor	4
N	I 19	**Stuart** Rue Marie	2
A-B	C 14	**Suarès** Rue André	17
K	J 8	**Suchet** Bd	16
D-I	E 24	**Sud** Pass. du	19
C	C 19	**Sue** Rue Eugène	18
C	D 20	**Suez** Rue de	20
O	K 27	**Suez** Imp.	20
L-R	K 11	**Suffren** Av. de	15-7
L	L 10	**Suffren** Port de	7
M-N	L 18	**Suger** Rue	6

Plan		Rues / Streets	Ar.
S	Q 14	**Suisses** Rue des	14
N	M 22	**Sully** Pont de	4
N	L 21	**Sully** Rue de	4
N	J 19	**Supervielle** Al. Jules	1
L	J 14	**Surcouf** Rue	7
G	H 15	**Surènes** Rue de	8
E	H 7	**Suresnes** Rte de	16
J	H 28	**Surmelin** Pass. du	20
J	H 28	**Surmelin** Rue du	20
Q	M 9	**Surville** Rue Laure	15
K	L 7	**Sycomores** Av. des	16
N-O	K 22	**Sylvia** Rue Gaby	11
		T-U	
N	K 19	**Tacherie** Rue de la	4
I	H 26	**Taclet** Rue	20
Y	S 20	**Tage** Rue du	13
Y	S 21	**Tagore** Rue	13
I	F 23	**Tagrine** Rue Michel	19
B	D 16	**Tahan** Rue Camille	18
I	G 26	**Taillade** Av.	20
O	L 23	**Taillandiers** Pass. des	11
O	K 23	**Taillandiers** Rue des	11
O	M 26	**Taillebourg** Av. de	11
U	O 26	**Taine** Rue	12
G	F 17	**Taitbout** Rue	9
U	O 27	**Taïti** Rue de	12
M	K 14	**Talleyrand** Rue de	7
K	K 9	**Talma** Rue	16
O	J 24	**Talon** Rue Omer	11
B	B 17	**Talus** Cité du	18
B	B 17	**Talus** Imp. du	18
V	N 29	**Talus-du-Cours** Rue du	12
D	D 24	**Tandou** Rue	19
C-D	D 23	**Tanger** Rue de	19
T	P 19	**Tanneries** Rue des	13
A	D 13	**Tapisseries** Rue des	17
M	L 17	**Taras-Chevtchenko** Sq.	7
B	D 14	**Tarbé** Rue	17
H	E 18	**Tardieu** Rue	18
M	L 14	**Tardieu** Pl. André	7
A	D 12	**Tarn** Sq. du	17
P	I 28	**Tarron** Rue du Capitaine	20
K	I 8	**Tattegrain** Pl.	16
X	R 15	**Taunay** Rue Nicolas	14
H	H 21	**Taylor** Rue	10
C	B 22	**Tchaïkovski** Rue	18
G	F 14	**Téhéran** Rue de	8
T	N 19	**Teilhard de Chardin** R. du Père	5
N	L 21	**Teilhard de Chardin** Pl. du Père	4
I	G 26	**Télégraphe** Pass. du	20
I	G 27	**Télégraphe** Rue du	20
A-F	E 11	**Tell** Rue Guillaume	17
Q	O 7	**Tellier** Rue Charles	16
H-N	I 21	**Temple** Sq. du	3
N	I 22	**Temple** Bd du	11-3
H-N	I 21	**Temple** Rue du	3-4
S	O 15	**Templier** Rue Parvis D.	14
S	P 16	**Tenaille** Pass.	14
B	B 17	**Tennis** Rue des	18
O	I 23	**Ternaux** Rue	11
F	F 10	**Ternes** Av. des	17
F	F 10	**Ternes** Porte des	17
F	F 10	**Ternes** Villa des	17
F	F 12	**Ternes** Pl. des	17-8
F	F 11	**Ternes** Rue des	17
H	F 21	**Terrage** Rue du	10
G	E 14	**Terrasse** Villa de la	17
Q	O 6	**Terrasse** Rue Claude	16
G	E 14	**Terrasse** Rue de la	17
O	K 27	**Terre Neuve** Rue de la	20
Y-Z	R 23	**Terres-au-Curé** Rue des	13
P	K 28	**Terrier** Rue Félix	20
U	P 25	**Terroirs-de-France** Av.	12
B	D 18	**Tertre** Imp. du	18
B-C	D 18	**Tertre** Pl. du	18
R	O 13	**Tessier** Rue	15
D	B 23	**Tessier** Rue Gaston	19
P	L 28	**Tessier-Marguerittes** Pl. du Gal	20
H-I	H 22	**Tesson** Rue	10
S	O 15	**Texel** Rue du	14
F-G	E 14	**Thann** Rue de	17
L-R	L 10	**Théâtre** Rue du	15
M	J 17	**Théâtre-Français** Gal. du	1
R	M 12	**Thébaud** Sq. Jean	15
N	L 19	**Thénard** Rue	5
G-M	I 17	**Thérèse** Rue	1
S	P 15	**Thermopyles** Rue des	14
R-W	Q 12	**Theuriet** Rue André	15
S	Q 16	**Thibaud** Rue	14
R	P 13	**Thiboumery** Rue	15
O	L 23	**Thiéré** Pass.	11
I	G 26	**Thierry** Rue Augustin	19
E	I 9	**Thiers** Rue	16
E-K	I 9	**Thiers** Sq.	16
A	D 12	**Thimerais** Sq. du	17
H	F 19	**Thimonnier** Rue	9
D	D 24	**Thionville** Pass. de	19
D	C 25	**Thionville** Rue de	19
B	D 17	**Tholozé** Rue	18
H	H 21	**Thomas** Rue Albert	10
H	G 19	**Thomas** Rue Ambroise	9
Y	S 19	**Thomire** Rue	13
L	K 11	**Thomy Thierry** Al.	7
H	H 19	**Thorel** Rue	2
R	O 10	**Thoréton** Villa	15
N	J 22	**Thorigny** Rue de	3
N	K 21	**Thorigny** Pl. de	3
U	P 25	**Thorins** Rue de	12
T	N 19	**Thouin** Rue	5
T	N 18	**Thuillier** Rue Louis	5
I	F 26	**Thuliez** Rue Louise	19
R	N 12	**Thuré** Cité	15
R	Q 11	**Thureau-Dangin** Rue	15
Y	S 20	**Tibre** Rue du	13
K	L 7	**Tilleuls** Av. des	16
O	M 25	**Tillier** Rue Claude	12
F	G 11	**Tilsitt** Rue de	17-8
I-N	I 22	**Timbaud** Rue Jean-Pierre	11
I	I 23	**Timbaud** Sq. Jean-Pierre	11
L	M 11	**Tiphaine** Rue	15
N	I 19	**Tiquetonne** Rue	2
N	K 21	**Tiron** Rue	4
M-N	J 18	**Tison** Rue Jean	1
C	B 22	**Tissandier** Rue Gaston	18
R	O 10	**Tisserand** Rue	15
T	P 21	**Titien** Rue	13
O	L 25	**Titon** Rue	11
O	I 25	**Tlemcen** Rue de	20
D	D 25	**Toccata** Villa	19
A	D 13	**Tocqueville** Jardin de	17
A	D 13	**Tocqueville** Sq. de	17
A-G	D 13	**Tocqueville** Rue de	17
L	I 12	**Tokyo** Pl. de	16
P	L 27	**Tolain** Rue	20
U	P 24	**Tolbiac** Pont de	12-13
U-Z	Q 24	**Tolbiac** Port de	13
Y	R 22	**Tolbiac** Villa	13
U	Q 23	**Tolbiac** Rue de	13
I	E 23	**Tollendal** Rue Lally	19
K	L 6	**Tolstoï** Sq.	16
P	L 28	**Tomasi** Rue Henri	20
S	P 17	**Tombe-Issoire** Rue de la	14
B	E 14	**Tombelle** Sq. Fernand de la	17
C-H	E 20	**Tombouctou** Rue de	18
C	C 21	**Torcy** Pl. de	18
C	C 21	**Torcy** Rue de	18
F	F 11	**Torricelli** Rue	17
H	H 21	**Toudic** Rue Yves	10
	F 18	**Toudouze** Pl. Gustave	9
V	O 27	**Toul** Rue de	12
P	K 28	**Toulet** Rue Paul-Jean	20
N	M 18	**Toullier** Rue	5
D-I	E 26	**Toulouse** Rue de	19
B	A 17	**Toulouse-Lautrec** Rue	17

K	J 9	**Tour** Villa de la	16
K-L	I 8	**Tour** Rue de la	16
S	P 15	**Tour-de-Vanves** Pass. la	14
G	F 17	**Tour-des-Dames** Rue la	9
P	L 28	**Tour-du-Pin** R. Patrice de la	20
J	G 27	**Tourelles** Pass. des	20
J	G 27	**Tourelles** Rue des	20
B	D 17	**Tourlaque** Rue	18
T	N 22	**Tournaire** Sq. Albert	12
T	N 19	**Tournefort** Rue	5
N	L 20	**Tournelle** Pont de la	5-4
N	M 20	**Tournelle** Port de la	5
N	L 20	**Tournelle** Quai de la	5
N	K 22	**Tournelles** Rue des	3-4
A	E 10	**Tournemire** Rue Charles	17
U	O 27	**Tourneux** Rue	12
U	O 27	**Tourneux** Imp.	12
M	L 18	**Tournon** Rue de	6
R	M 11	**Tournus** Rue	15
M	L 18	**Tours** Rue Grégoire de	6
I	H 24	**Tourtille** Rue de	20
L-M	L 13	**Tourville** Av. de	7
R	P 12	**Toussaint** Sq. Marcel	15
M	L 18	**Toustain** Rue	6
H	I 20	**Tracy** Rue de	2
C	C 19	**Traëger** Cité	18
F	G 11	**Traktir** Rue de	16
I	H 25	**Transvaal** Rue du	20
O-T	L 23	**Traversière** Rue	12
S	N 14	**Trefouel** Pl. J. et Thérèse	15
G	G 14	**Treilhard** Rue	8
U	Q 23	**Trélat** Rue Ulysse	13
F	I 12	**Trémoille** Rue de la	8
F	H 9	**Trentinian** Pl. des Gaux de	16
N	K 21	**Trésor** Rue du	4
B-C	C 18	**Trétaigne** Rue de	18
H	G 19	**Trévise** Cité de	9
H	G 19	**Trévise** Rue de	9
H-N	I 20	**Trinité** Pass. de la	2
G	G 17	**Trinité** Sq. de la	9
G	F 17	**Trinité** Rue de la	9
L	K 12	**Tripier** Av. du Général	7
L	J 11	**Trocadéro** Jardin du	16
L	J 10	**Trocadéro** Sq. du	16
L	J 10	**Troca. & du 11 Novembre** Pl.	16
O	K 23	**Trois Sœurs** Imp. des	11
H-I	I 23	**Trois-Bornes** Cité des	11
I	I 23	**Trois-Bornes** Rue des	11
I	H 24	**Trois-Couronnes** Villa des	20
I	I 23	**Trois-Couronnes** Rue des	11
O	L 23	**Trois-Frères** Cour des	11
B-G	E 18	**Trois-Frères** Rue des	18
N	L 19	**Trois-Portes** Rue des	5
Z	R 23	**Trolley de Prevaut** Rue	13
G	G 16	**Tronchet** Rue	8-9
O	M 27	**Trône** Pass. du	11
O	M 26	**Trône** Av. du	11-12
G	G 15	**Tronson-du-Coudray** Rue	8
O	L 24	**Trousseau** Rue	11
F	G 11	**Troyon** Rue	17
Y	R 20	**Trubert-Bellier** Pass.	13
G	E 16	**Truchet** Rue Abel	17
G	E 19	**Trudaine** Av.	9
G	F 18	**Trudaine** Sq.	9
U	P 25	**Truffaut** Rue François	12
B-G	D 15	**Truffaut** Rue	17
O	J 23	**Truillot** Imp.	11
G-M	I 14	**Tuck** Av. Edward	8
Y	S 20	**Tuffier** Rue du Docteur	13
M	J 15	**Tuileries** Port des	1
M	J 16	**Tuileries** Jardin des	1
M	J 15	**Tuileries** Quai des	1
B-C	B 18	**Tulipes** Villa des	18
O	L 26	**Tunis** Rue de	11
X	S 17	**Tunisie** Av. de la	14
I	F 25	**Tunnel** Rue du	19
N	I 21	**Turbigo** Rue de	1à3
N	I 22	**Turenne** Rue de	3-4
H	F 19	**Turgot** Rue	9
G	E 16	**Turin** Rue de	8
C	D 19	**Turlure** Parc de la	18
I	G 23	**Turot** Rue Henri	19
K	L 7	**Turquan** Rue Robert	16
O	L 26	**Turquetil** Pass.	11
B	B 16	**Tzanck** Pl. Arnault	17
C	B 21	**Tzara** Rue Tristan	18
T	N 19	**Ulm** Rue d'	5
A	D 12	**Ulmann** Jardin André	17
F	I 10	**Union** Sq. de l'	16
L	K 13	**Union** Pass. de l'	7
L-M	J 12	**Université** Rue de l'	7
K	L 6	**Urfé** Sq. d'	16
N	L 20	**Ursins** Rue des	4
S-T	N 18	**Ursulines** Rue des	5
F	H 12	**Uruguay** Pl. de l'	16
C	D 19	**Utrillo** Rue Maurice	18
H	H 18	**Uzès** Rue d'	2

V

F	H 11	**Vacquerie** Rue Auguste	16
Q	O 5	**Vaillant** Av. Edouard	16
X	T 17	**Vaillant-Couturier** Av. Paul	14
S	N 18	**Val-de-Grâce** Rue du	5
Y	T 18	**Val-de-Marne** Rue du	13
C	E 18	**Valadon** Pl. Suzanne	18
L	K 13	**Valadon** Rue	7
T	O 19	**Valence** Rue de	5
N	J 20	**Valenciennes** Pl. de	10
H	F 20	**Valenciennes** Rue de	10
L	J 12	**Valentin** Rue Edmond	7
F	H 10	**Valéry** Rue Paul	16
N-T	M 19	**Valette** Rue	5
T	N 22	**Valhubert** Rue place	5-8
Q	O 8	**Valin** Bd du Gal-Martial	15
U	P 27	**Vallée-de-Fécamp** Imp.	12
B	A 17	**Vallery-Radot** R. Louis Pasteur	18
O	L 25	**Vallès** Rue Jules	11
T	P 21	**Vallet** Pass.	13
R	P 13	**Vallin** Pl. Charles	15
R	P 13	**Vallois** Sq. Frédéric	15
H	E 22	**Valmy** Quai de	10
M	K 16	**Valmy** Imp. de	7
M	I 18	**Valois** Rue du Général	1
M	J 18	**Valois** Pl. de	1
G	F 14	**Valois** Av. de	8
M	I 18	**Valois** Rue de	1
Z	R 24	**Van Dongen** Rue K.	13
F	F 13	**Van-Dyck** Av.	8
T-U	N 23	**Van-Gogh** Rue	12
Q	N 7	**Van-Loo** Rue	16
V	P 28	**Van-Vollenhoven** Sq.	12
W	R 13	**Vandal** Imp.	14
S	O 15	**Vandamme** Rue	14
Y	Q 20	**Vandrezanne** Rue	13
Y	R 20	**Vandrezanne** Pass.	13
M	K 15	**Vaneau** Rue	7
M	L 15	**Vaneau** Cité	7
X	R 18	**Vanne** Al. de la	14
W	R 13	**Vanves** Porte de	14
P	M 29	**Var** Sq. du	20
M	L 15	**Varenne** Cité de	7
B	B 17	**Varenne** Rue Jean	18
M	K 14	**Varenne** Rue de	7
D	D 25	**Varèse** Rue Edgar	19
R	O 10	**Varet** Rue	15
G-H	H 18	**Variétés** Gal. des	2
J	G 28	**Variot** Sq. du Docteur	20
Q	N 6	**Varize** Rue de	16
H	F 22	**Varlin** Sq. Eugène	10
H	F 21	**Varlin** Rue Eugène	10
L	J 11	**Varsovie** Pl. de	16
R	O 9	**Vasco de Gama** Rue	15
V	M 28	**Vassou** Imp.	12
M	L 14	**Vauban** Pl.	7
H-N	I 20	**Vaucanson** Rue	3
A	D 12	**Vaucluse** Sq. de	17
N	H 23	**Vaucouleurs** Rue de	11
L	M 13	**Vaudoyer** Rue Léon	7
P	J 28	**Vaudrey** Pl. Pierre	20

Plan		**Rues** / Streets	Ar.
R	P 11	**Vaugelas** Rue	15
S	N 15	**Vaugirard** Bd de	15
S	N 15	**Vaugirard** Galerie	15
M-S	M 18	**Vaugirard** Rue de	15-6
T	N 19	**Vauquelin** Rue	5
B	B 16	**Vauvenargues** Rue	18
B	B 17	**Vauvenargues** Villa	18
N	J 18	**Vauvilliers** Rue	1
N	K 22	**Vaux** Rue Clotilde de	11
S	N 16	**Vavin** Rue	6
S	N 17	**Vavin** Av.	6
P	J 28	**Veber** Rue Jean	20
V	O 27	**Véga** Rue de la	12
G	F 14	**Vélasquez** Av.	8
Z	R 23	**Velay** Sq. du	13
H	F 22	**Vellefaux** Av. Claude	10
M	L 16	**Velpeau** Rue	7
U	P 27	**Vendée** Sq. de la	12
G	I 16	**Vendôme** Cour	1
G	I 16	**Vendôme** Pl.	1
H-N	I 22	**Vendôme** Pass.	3
Y	S 22	**Vénétie** Pl. de	13
F	H 10	**Vénézuela** Pl. du	16
N	J 20	**Venise** Rue de	4
G-M	I 17	**Ventadour** Rue	1
S	P 14	**Ventadour** R. Bernard de	14
O	L 27	**Véran** Imp.	20
R-S	O 15	**Vercingétorix** Rue	14
G	G 18	**Verdeau** Pass.	9
Q	M 7	**Verderet** Rue	16
K	J 8	**Verdi** Rue	16
R	Q 11	**Verdier** Sq. du Cardinal	15
Y	T 22	**Verdun** Av. de	10
H	G 21	**Verdun** Sq. de	10
F	F 9	**Verdun** Pl. de	17
H	G 21	**Verdun** Imp. de	19
R	O 12	**Vergennes** Sq.	15
T-Y	Q 19	**Vergniaud** Rue	13
S	P 18	**Verhaeren** Al.	14
M	J 18	**Vérité** Pass.	1
Y	Q 20	**Verlaine** Pl. Paul	13
I	E 25	**Verlaine** Villa Paul	19
N	K 22	**Verlomme** Rue Roger	3
I	F 26	**Vermandois** Sq. du	19
T	O 19	**Vermenouze** Sq.	5
I	H 23	**Verne** Rue Jules	11
F	H 12	**Vernet** Rue	8
M	K 16	**Verneuil** Rue de	7
A-F	E 11	**Vernier** Rue	17
A	D 12	**Verniquet** Rue	17
B-G	E 17	**Véron** Rue	18
B-G	E 17	**Véron** Cité	18
T	P 20	**Véronèse** Rue	13
N	K 20	**Verrerie** Rue de la	4
R	P 10	**Versailles** Porte de	15
K-Q	L 9	**Versailles** Av. de	16
C	C 19	**Versigny** Rue	18
M	K 18	**Vert-Galant** Sq. du	1
H-N	I 20	**Vertbois** Pass. du	3
H	I 20	**Vertbois** Rue du	3
N	J 23	**Verte** Al.	11
N	I 21	**Vertus** Rue des	3
F	E 11	**Verzy** Av. de	17
T	O 20	**Vésale** Rue	5
I	F 26	**Vexin** Sq. du	19
G	F 14	**Vézelay** Rue de	8
L	L 11	**Viala** Rue	15
O	K 24	**Viallet** Pass.	11
C-H	E 20	**Vian** Rue Boris	18
N	J 18	**Viarmes** Rue de	1
N	I 21	**Vicaire** Rue Gabriel	3
W	R 11	**Vicat** Rue Louis	15
R	P 11	**Vichy** Rue de	15
H	G 22	**Vicq d'Azyr** Rue	10
G	G 17	**Victoire** Rue de la	9
H-N	I 18	**Victoires** Pl. des	1-2
R	P 10	**Victor** Bd	15
Q	O 8	**Victor** Sq.	15
N	K 19	**Victoria** Av.	1-4
J	H 28	**Vidal-de-la-Blache** Rue	20
H-M	I 18	**Vide-Gousset** Rue	2
N	J 22	**Vieille du Temple** Rue	4
G	F 16	**Vienne** Rue de	8
L	K 13	**Vierge** Pass. de la	7
K	J 4	**Vierge-aux-Berceaux** Rte	16
A	D 11	**Vierne** Rue Louis	17
A-F	E 13	**Viète** Rue	17
K	L 5	**Vieux-Chênes** Ch. des	16
M	L 17	**Vieux-Colombier** Rue du	6
R-S	O 14	**Vigée-Lebrun** Rue	15
K	K 8	**Vignes** Rue des	16
P	K 27	**Vignoles** Imp. des	20
O-P	K 27	**Vignoles** Rue des	20
G	G 16	**Vignon** Rue	8-9
F	F 13	**Vigny** Rue Alfred de	17-8
O	L 23	**Viguès** Cour Jacques	11
U	P 23	**Vilar** Pl. Jean	13
I	H 24	**Vilin** Rue	20
Q	N 7	**Villa-la-Réunion** Av.	16
R	Q 13	**Villafranca** Rue de	15
F	H 10	**Villarceau** Rue Yvon	16
F	G 11	**Villaret-de-Joyeuse** Rue	17
F	F 11	**Villaret-de-Joyeuse** Sq.	17
M	L 14	**Villars** Av. de	7
F	H 10	**Ville** Rue Georges	16
G	H 15	**Ville-l'Evêque** Rue de la	8
H	H 19	**Ville-Neuve** Rue de la	2
F	F 11	**Villebois-Mareuil** Rue	17
G-M	I 17	**Villedo** Rue	1
J	G 29	**Villegranges** Rue des	20
N	K 22	**Villehardouin** Rue	3
S	P 14	**Villemain** Av.	14
O	J 25	**Villermé** Rue René	11
M	K 16	**Villersexel** Rue de	7
H-I	E 22	**Villette** Bd de la	10-9
D	C 25	**Villette** Gal. de la	19
D	C 25	**Villette** Parc de la	19
D	A 25	**Villette** Porte de la	19
I	F 25	**Villette** Rue de la	19
L	J 13	**Villey** Rue Pierre	7
F-G	E 11	**Villiers** Av. de	17
A-F	E 10	**Villiers** Porte de	17
I	H 27	**Villiers-de-l'Isle-Adam** Rue	20
I	H 27	**Villiers-de-l'Isle-Adam** Imp.	20
U	N 23	**Villiot** Rue	12
R	O 12	**Villon** Rue François	15
T-U	Q 22	**Vimoutiers** Rue de	13
H	G 21	**Vinaigriers** Rue des	10
PV	M 29	**Vincennes** Porte de	12-20
V	M 29	**Vincennes** Porte de	12-20
P-V	M 27	**Vincennes** Cours de	12-20
J	H 28	**Vincenot** Pl. Adjudant	20
X	S 17	**Vincent** R. du Prof. H.	14
F	H 10	**Vinci** Rue Léonard-de	16
L	J 10	**Vineuse** Rue	16
X	S 16	**Vingt-Cinq-Août-1944** Pl. du	14
M	I 17	**Vingt-Neuf-Juillet** Rue du	1
U	P 25	**Vins-de-France** Pl. des	12
G	E 17	**Vintimille** Rue de	9
L-R	M 11	**Violet** Rue	15
R	N 11	**Violet** Pl.	15
R	N 11	**Violet** Sq.	15
R	N 11	**Violet** Villa	15
S	Q 15	**Viollet** Sq. du	14
G-H	E 18	**Viollet-le-Duc** Rue	9
K	K 8	**Vion-Whitcomb** Av.	16
X	R 16	**Virginie** Villa	14
R	N 12	**Viroflay** Rue de	15
M	K 17	**Visconti** Rue	6
M	K 16	**Visitation** Pass. de la	7
Y	R 21	**Vistule** Rue de la	13
K-L	J 9	**Vital** Rue	16
P	J 28	**Vitruve** Rue	20
P	J 28	**Vitruve** Sq.	20
Z	R 24	**Vitry** Porte de	13
Q	M 9	**Vitu** Rue Auguste	15

U	N 25	**Vivaldi** Al.	12
F	E 10	**Vivarais** Sq. du	17
N	L 19	**Viviani** Sq.	5
G-H	I 18	**Vivienne** Rue	2
G	I 18	**Vivienne** Gal.	2
Z	S 23	**Voguet** Rue André	13
O	K 25	**Voisin** Rue Félix	11
P	L 27	**Volga** Rue du	20
O	L 23	**Vollon** Rue Antoine	12
G	H 16	**Volney** Rue	2
R	O 13	**Volontaires** Rue des	15
H	I 20	**Volta** Rue	3
O	L 25	**Voltaire** Rue	11
O	I 22	**Voltaire** Bd	11
O	L 25	**Voltaire** Cité	11
Q	N 6	**Voltaire** Imp.	16
M	J 16	**Voltaire** Quai	7
Y	S 19	**Volubilis** Rue des	13
N	K 22	**Vosges** Pl. des	3-4
R	P 13	**Vouillé** Rue de	15
O	I 26	**Voulzie** Cour de la	20
V	M 28	**Voûte** Pass. de la	12
V	M 28	**Voûte** Rue de la	12
M-N	I 18	**Vrillières** Rue la	1
T	P 19	**Vulpian** Rue	13

W

N	K 22	**Wagner** Rue du Pasteur	11
A	D 13	**Wagram** Pl. de	17
A-F	D 13	**Wagram** Av. de	17-8
F	F 12	**Wagram-Saint-Honoré** Villa	8
E	G 4	**Wallace** Bd Richard	16
T	O 21	**Wallons** Rue des	13
F	G 13	**Washington** Rue	8
Z	Q 24	**Watt** Rue	13
T	P 20	**Watteau** Rue	13
D	C 23	**Wattieaux** Pass.	19
U	P 27	**Wattignies** Imp. de	12
U	O 26	**Wattignies** Rue de	12
H	H 21	**Wauxhall** Cité du	10
F	G 10	**Weber** Rue	16
Y	R 21	**Weil** Rue Simone	13
X	S 17	**Weill** Av. David	14
T-U	P 22	**Weiss** Rue Louise	13
R	P 13	**Weiss** Rue Charles	15
O	I 26	**Westermann** Rue	20
Y	S 21	**Widal** Rue Fernand	13
Q	O 7	**Widor** Rue Charles-Marie	16
Q	M 8	**Wilhem** Rue	16
P	M 29	**Willemetz** Rue Albert	20
C	E 18	**Willette** Sq.	18
L	I 12	**Wilson** Av. du Président	16-8
Y	R 19	**Wurtz** Rue	13
S	P 14	**Wyszynski** Sq. du Cardinal	14

X-Y

T-Y	Q 22	**Xaintrailles** Rue	13
T	Q 21	**Yéo Thomas** Rue	13
Z	S 23	**Yersin** Pl. du Docteur	13
L	J 10	**Yorktown** Sq.	16
L	L 11	**Yourcemar** Al. Marguerite	15
A-F	E 10	**Yser** Bd de l'	17
R	O 12	**Yvart** Rue	15
K	L 7	**Yvette** Rue de l'	16
K	I 8	**Yvon** Rue Adolphe	16

Z

T	Q 22	**Zadkine** Rue	13
J	F 28	**Zarapoff** Sq. du Général	19
S	O 15	**Zay** Rue Jean	14
K	K 8	**Zédé** Rue Gustave	16
D	C 26	**Zénith** Al. du	19
H	H 20	**Zet** Pass.	10
B	D 17	**Ziem** Rue Félix	18
L-Q-R	M 11	**Zola** Av. Emile	15
R	M 10	**Zola** Sq. Emile	15

TÉLÉPHONES INDISPENSABLES *Useful telephone numbers*

SNCF:	08 36 35 35 35
RATP:	08 36 68 77 14
RER:	01 53 90 20 20
ORLY:	01 49 75 15 15
ROISSY:	01 48 62 22 80